無聲自曝

讓人破綻百出的微表情心理學

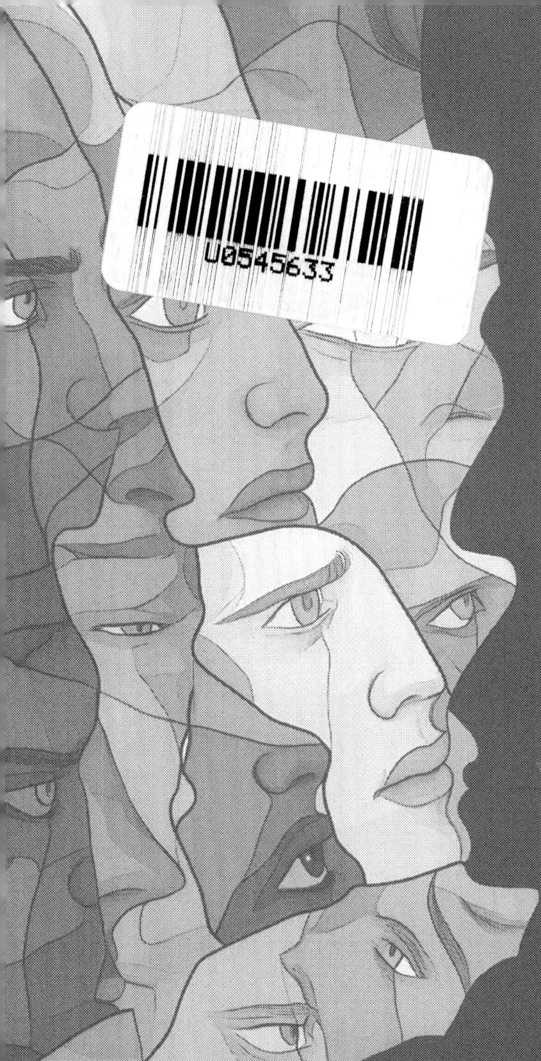

樂律

杜鄉的微笑、否認卻點頭、倒敘不流暢

心理防線再穩固，也擋不住「下意識」的失誤！

▶ 凡事說「隨便」的人，並不代表性格就隨和？

▶「我只告訴你」＝你已經是第 N 個知道的人？

▶ 下意識咬吸管的動作，說明內心深處很焦慮？

白帆 著

微小的行為舉止，往往呈現出內在真實想法；

一起從細微處洞察情感，看「心」如何影響「相」！

目錄

第三章　手足之道——肢體動作洩露心理真相

第四章　語言背後——解讀聲音與話語的暗號

第五章　穿戴之間——從外在細節挖掘內心世界

第六章　生活習慣——見微知著的人性洞察

第七章 興趣投影——嗜好中的心理地圖

前言

眉毛一挑，嘴角一翹，就知道他心裡的真實想法！人們的臉上寫著內心的祕密，掌握一定的面部微表情的解碼方式，就能讓他人越裝越明顯、越藏越暴露。

傑克是某大型製造企業的一名採購人員，因為工作需求，他經常出入各種業務洽談場合。有一次，傑克跟外地一家新開發的工廠洽談某產品零部件的採購事宜，對方報價比其他競標廠家低出近百分之三十，唯一的條件就是：傑克的公司需先付一半的訂金。

「我跟對方的業務代表談判了一個多小時，在此期間，他非常不安，左手的小動作不斷，不是推眼鏡就是擦鼻子，說話時眼睛還時不時地向右上方斜視，並頻繁地舔嘴唇。我突然想起了《謊言終結者》中萊特曼博士所說的『眼睛往左看表示回憶，往右看則是在編造謊言』。於是，我沒有馬上簽訂合約，而是找調查機構查對方的資質，最後查出對方竟是一家皮包公司，這為公司避免了近五十萬元的損失。」每每談及此事，傑克還是非常激動。

轉動眼球，挑起眉毛，不要小看這些微表情，它們也許就是你看透對方、扭轉局勢的重要訊號。就像法國文學家狄德羅所說的：「一個人，他心靈的每一個活動都表現在他的臉上，刻劃得很清晰、很明顯。」

有一個新工作的面試機會，你躍躍欲試，但對手也很強，於是，你非常緊張，希望能給主考官一個好印象。你可以怎樣做呢？

從見到主考官的那一刻起，你就必須留意自己的身體語言：微笑並直視對方，如果他回以微笑，表示你有一個好的開始；假如對方面無表情，也不要讓自己的焦慮流露出來。請注意眼神的接觸，正面響應主考官的身體語言，突破他的防線：他緊繃著臉，你就面露微笑；他姿勢僵硬，你就放鬆，像照鏡子一樣。

記住，別交叉手臂，也不要蹺二郎腿；雙腳平行，正對主考官而坐。雙手自然下垂或置於膝上，眼睛平視，不要亂瞄或東張西望。坐姿稍向前傾可以給人積極的印象，但別太靠近，免得造成壓迫感。如果注意到主考官不自覺地後退，試著放鬆你的姿勢，微微向後靠。

人生就是一場賽局，生活就是一場較量。如果你在準確解讀他人的微表情的前提下，又能善用自己的微表情，不做或盡量少做負面的表情與動作，你就能在社交和商場的交際應酬裡左右逢源，最終實現人生的幸福與成功。

第一章　微表情讀心術——
從細微之處看穿人心

在大事上，人們表現出他們所希望表現的，在瑣碎的小事上，才表現出他們自己。細微處洩天機。每個人在遇到外界刺激的一瞬間，表情上都會有反應，這些微表情是本能的、無法掩飾的、不受控制的。從這點來說，微表情是了解一個人內心真實想法的最有利線索。

你的感官偏好是視覺、聽覺還是觸覺？

你見過熟練鎖匠做事嗎？簡直就跟變魔術一樣。他擺弄一把鎖，能聽到一些你聽不到的聲音，看到一些你看不到的東西，感覺到一些你感覺不到的情況。不一會兒，他就了解了鎖的整個結構，並且能把它修好。一個優秀的交流者也是這樣工作的。他可以了解任何人的內心組合（也稱為策略）——可以像鎖匠那樣考慮、思索，從而探索出別人的內心結構。

了解別人策略的關鍵就是要注意他們的言行舉止。要知道，人們會將你想知道的關於他們策略的一切訊號都傳達給你，不過，有時是透過語言傳達的，有時是透過行動傳達的，有時甚至是透過眼神傳達的。

你可以學會巧妙地去閱讀一個人，就像你能學會讀一本書、看一張地圖一樣。記住，策略只不過是產生特殊結果的一種想像組合。你需要做的，就是促使人們去感受他們的策略，同時仔細觀察他們的特殊反應。

人大致可分為三種類型：視覺型、聽覺型、觸覺型。

那些主要利用視覺系統的人傾向於以影像看世界。他們透過大腦中的視覺部分，獲得他們最大的感覺力。因為他們的語言力圖跟上大腦中的影像變化，所以常常說話較快；因為他們只是想要把大腦中的影像描述出來，所以常常不太注意表達方式，而更傾向於用視覺語言來表達，向人們描述這些東西看上去怎麼樣，呈什麼樣的形狀，是明還是暗等。

那些聽感強的人則不同，他們說話慢一些，聲音也較洪亮，表達較有節奏，語言較有分寸。因為字詞對他們來說意義重大，所以，他們對於說什麼非常慎重。他們常常用聽覺語言來表達，比如「這聽起來正合我意」、「我能聽見你說的」或「聽起來一切都很順利」等。

那些觸感強的人說話更慢。他們主要是對觸覺做出反應，說話時語調深沉，每句話都像是一點一點擠出來的。他們常常用觸覺語言來表達意思，總是「抓」某東西的「具體形態」，比如東西很「重」，他們需要「摸一摸」。他們總是說：「我找到了答案，但我還沒有抓住它。」

每個人都有這三種系統，但大多數人只是其中一種系統占支配地位。你在了解別人的策略、了解他們做決定的方式時，需要先知道他們的主要感覺系統是哪一種，這樣你就能有的放矢地表達你的資訊。

只要透過觀察和聽一個人說話，仔細留心一個人的眼睛，你就能立即意識到對方使用的是哪一種感覺系統。

不妨先問這樣一個問題：你十二歲生日蛋糕上的蠟燭是什麼顏色的？回答這個問題時，百分之九十的人都會把頭抬起來，眼睛往左看，這就是慣用右手的人甚至某些左撇子回憶視覺影像的方式。

再問下一個問題：如果幫米老鼠加根鬍子會怎麼樣呢？花幾分鐘時間描述一下。這一次，他的眼睛也許會往上抬，並移向右邊，這裡正是眼睛構成影像的地方。

因此，只要看看人們的眼睛，你就能了解他們的策略。人的聲音也含有深意。視感強的人說話快而急，有鼻音，聲調起伏大；觸感強的人說話慢，聲調深沉；聽感強的人聲調平穩，咬字清楚。

因此，哪怕是很有限的交流，你也能清楚地、準確無誤地了解一個人的心理活動方式。當然，學會了解別人策略的最好方式不是觀察，而是實踐。因此，你要盡可能多地在其他人身上做這些練習。

眼珠右轉的人，為何可能更具攻擊性？

人們在交談時，眼珠往往會朝不同的方向轉動。所以，只要我們留意一下對方在思考時眼珠的動向，便可在不知不覺之中洞悉對方的性格。

「虐囚案」的發生，讓外界對美國的監獄管理提出了質疑。美國當局委派了FBI對此事展開調查，其中囚犯指控最多的是監獄長伯特，於是特務們決定對伯特進行約談。約談在伯特的辦公室裡展開。

辦公室內部的布置可以稱得上簡潔而高雅，由此可見房間的主人是一個非常有修養的人。當特務們見到伯特的時候，更是無法相信他與囚犯們描述的「監獄惡魔」有什麼關聯。因為無論是從伯特的穿著、出身、談吐，還是從他接待特務的行為舉止來看，都顯示出了一種彬彬有禮的態度。在大家落座之後，約談也隨即展開。

伯特面對特務們咄咄逼人的追問，始終保持著溫和的態度與有理有據的回答，這更是讓特務們堅信他和囚犯們形容的「脾氣暴躁、下手狠毒」的形象是完全無法連繫在一起的。在整個約談的過程中，伯特除了在回答問題時會不時地向右轉動眼珠外，其他行為都顯得極為自然。但正是因為伯特這種轉動眼珠的習慣，讓一位精明的老特務對他的真實性格產生了懷疑。

因為在此之前，史丹佛大學的一些教授就曾對眼珠的轉動與人的性格之間的關係做過專門研究。教授們請來若干位男士，並在三十秒內不間斷地向他們提出各式各樣的問題，同時注意觀察他們眼珠轉動的方向。隨後又將他們分為兩組：A組是在回答問題時眼珠向左轉動的人，B組是在回答問題時眼珠向右轉動的人。

在對A組與B組男士的性格進行分析後發現：B組的人性格更為急躁，攻擊性更強，而且這類男士很難將焦躁不安的情緒壓抑很長時間或是徹底隱藏起來，他們一定會找機會發洩出來；而A組男士的性格則與B組恰恰相反，他們大多會將心中的不快封閉起來，不會表現出他們的攻擊性。

透過眼珠的轉動便可推斷出：監獄長伯特本身是一個性格暴躁的人，他在特務們面前所表現出的溫和態度只是一種偽裝。於是特務們故意在第二次的約談中，用不客氣的言語挑釁對方，借其性格的弱點來套出實話。結果這個監獄長果然中計，將其易怒狂暴的性格表露無遺。

易怒的人大多都不擅長處理人際關係。由於這種性格並非一日養成，所以想要改變也不是一件輕而易舉的事情。由此可知，在我們與他人交流的過程中，如果發現對方是一個習慣將眼珠向右轉動的人，就可以推測出這是一個攻擊性很強且難以應付的對手。在交談過程中，只有充分利用這個特點，才能更好地完成任務。

透過三十二段無聲影片解析內心活動

奧地利精神分析學家西格蒙德・佛洛伊德（Sigmund Freud）曾經說過：「一個人的潛意識能夠無意識地與其他人的潛意識相互發生影響。」這就意味著，你可能會基於自己的判斷和直覺，而非基於事實去下意識地評價別人，換言之，即基於一個人的肢體語言去評價他。

一項由哈佛大學實驗心理學教授羅伯特・羅森塔爾（Robert Rosenthal）和娜莉妮・安巴迪（Nalini Ambady）進行的研究，證實了非語言姿態的力量。這兩位研究者向一組大學生展示了三十二段不同老師在課堂上的影片剪輯，然後要求他們對這些老師進行評價。由於影片中的聲音已經被擾亂或刪除，所以學生們只能基於各位老師的肢體語言對他們作出判斷。

結果顯示，參與實驗的學生的評價和那些曾聽過這些老師的課並在學期結束時填寫了教師評估表的學生的評價達成了一致。儘管後者將其評定結果歸因於老師的友好或清晰的思路，但此項研究結果顯示，大多數學生的評價是基於非語言交流形成的。

運用邏輯推理和深思熟慮的評估，你就能避免單純依據肢體動作做出反應。如果沒有仔細考慮他人做出某些肢體動作的可能原因，你就會被這些肢體語言所欺騙。例如：我們熟識的一名法官在審理案件時突發中風，面部肌肉抽搐，嘴角抽動，這些動作很有可能會令辯護律師緊張不安。假如辯護律師知道法官的這些動作並非自願行為，就不會表現得如此不安了。

為了避免產生誤解，你必須謹記自己的表情和手勢是如何被他人感知的。任何時候，都請注意自己正在傳達出去的非語言姿態。你的雙臂是否交叉？你的身體是否傾斜？如果你展現出的是一種開放的姿態，或許別人會更容易接受你的意見。

當然，你還應該注意對方的肢體語言。如果感覺到對方對你有所防備，你就可以改變自己的方式，以使對方樂於接受你。演說家們將其稱為「觀眾意識」，他們能夠敏銳地捕捉到它的存在。當他們從某個觀眾身上看到負面的非語言姿態時，便會快速轉換話題，講一個笑話或提出幽默的觀點，讓觀眾大笑，放鬆心情。

摸袖口，是否暗示內心的不安？

他耍的什麼心計？她鬧的什麼心思？在這個人心越來越難測的時代裡，讓FBI——美國聯邦調查局探員告訴你，如何透過他人的一言一行、一舉一動來了解其內心世界。

美國某名人的性醜聞案曾引來眾多媒體的關注，FBI探員在此次案件的偵破中功不可沒。

探員們在遭受侵害的飯店女服務生的衣服上得到了侵害者的DNA樣本，並在次日得知DNA檢測結果與該名人匹配後，便將該名人約到了美國聯邦調查局。起初，該名人態度強硬，一口咬定此次性行為是在雙方自願的情況下發生的。後來，隨著案件細節的逐漸揭露，相關證人一個個出現，探員們發現，雖然該名人口中始終沒有承認是強迫性行為，但內心已經開始有所動搖。這讓探員們越發堅信，飯店女服務生的供述並不是捏造的。

那麼，探員們是如何發現該名人心理上的這種轉變的呢？

享譽全球的身體語言大師、有著二十五年工作經驗的前FBI反間諜情報小組專家喬．納瓦羅（Joe Navarro）說道：「大約有百分之六十到八十的人際溝通是透過非語言行為來完成的。在這起案件中，隨著性侵害證據的不斷出現，探員發現，在與該名人約談的過程中，他用一隻手整理袖口或是把玩手錶的次數越來越多，而這種跡象恰恰是一個人內心動搖的表現。」

相關心理學家也透過實驗證明：通常人們玩弄袖口、袖口上的釦子或手錶，是身體本能所設定的一種防衛性動作，它表明該對象的心中非常慌張。而女性不斷調整手臂上手提包位置的行為，也是其不鎮定的重要表現之一。

於是，老道的探員們便以此為突破口，在該名人整理袖口或把玩手錶時，不斷攻破其心理防線，套取了大量事實，並最終判定該名人的「性侵犯」罪名成立。

正常情況下，一個人出現用手玩弄袖口等行為，很容易讓人發現他內心的不穩定，自然對其的信任程度也會降低。但對套話來說，這是極其有利的，因為此刻的心理防線是最容易被突破的。

若是在社交場合，經常玩弄袖口的人大多會讓對手有機可乘；在職場中，那些經常玩弄袖口的人會處於公司最底層，他們會因透露出了內心的不安而被安排做一些最微不足道的工作；在交流中更是如此，這就像兩個人在博弈，誰最先暴露出自己的缺點，誰就會輸得最早。

所以，專家們通常建議大家，在套取別人的話時，可以利用他人的不安，但自己要減少類似的舉動。尤其是在面對自己不是很熟悉的人或是在公開場合講話時，我們更要盡量避免這樣的行為。

當然，控制並不等於掩藏，不要以為把手臂放到桌下就萬無一失了，這同樣是一種軟弱的表現。所以不到萬不得已，不要將手臂放到桌下去整理自己的衣袖或擺弄手錶。如果實在想放到桌下，也要在迅速整理完後的第一時間將手再次放回桌上。如果確實感到緊張，又不想讓對方發現，可以採取調整呼吸或喝水的方式來盡量消除這種不安的情緒。

記住，在與人交流的任何時候，都不要讓對方認為自己是一個不自信和不值得一提的人。要盡可能提高自己的身價，保持居高臨下的姿態，告訴對方：「我是最優秀的。」

耳邊手勢的暗語與微妙心理

探員蘿拉接到美國聯邦調查局的命令，進入某保險公司調查該公司是否在別的國家開設了間諜公司。可是，這家公司有一個不成文的規定，那就是每一個新加入的員工都必須在一個月的試用期內銷售一定金額的保險，才能轉正。

有一天，一對中年夫妻來到這家保險公司，蘿拉接待了他們。蘿拉先向他們熱情地打招呼，接著向他們介紹了各種適合他們那個年齡層的保險。但這對夫妻看上去並不是非常感興趣，這讓蘿拉有些懷疑他們不是來這裡買保險的，或許只是想了解一下。可是，在交流過程中，當蘿拉提到一種家庭險時，這對夫妻其中的一位用手不經意地摸了一下耳朵。於是蘿拉判斷，他們是想買一種家庭組合險。

為了驗證自己的判斷，蘿拉便問對方：「你們是想要了解家庭組合險嗎？」對方有些詫異，不過還是很認真地回答說：「是的，因為我們考慮到了孩子。」

接下來，蘿拉以家庭險為重點，向他們詳細介紹了以家庭為單位的各種險種。很明顯，蘿拉找到了一個很好的突破口，而其中的一個險種也獲得了這對夫妻的認可。最終蘿拉完成銷售任務，順利成為該保險公司的一名正式員工。

美國一位著名市場顧問曾說：「如果對方摸耳朵，便是發出了感興趣的訊號。」當我們在說話時，如果對方做出了拉耳垂、摸耳朵或耳朵附近鬢角、後腦勺之類的動作，就代表對方對你的話題很感興趣，想繼續聽下去。這也正應了日本的一句俗語：「拉開耳朵好聽話。」

摸耳朵這種想要繼續聽下去的下意識反應，是一種非常容易被發現的肢體動作。比如：對方在說「這個話題我非常感興趣」、「真的嗎？為什麼這種事情我沒有聽說過」時，通常會伴有摸耳朵的動作。這就表示對方已經對你的話題產生了興趣，並希望能夠繼續談下去。我們一定要善於觀察對方感興趣的「敏感詞」在哪裡，再將話題繼續下去，這對於雙方的交流會很有幫助。

我們還需要注意，如果在與對方交談的過程中，對方將整個耳廓向前折，蓋住耳洞，就是在暗示我們應該立刻停止當前的談話了。因為這樣的動作已經表明對方想說：「我不想再聽到這些了，我已經聽夠了。」就像小的時候，聽到父母在屋外爭吵，有些孩子就會在自己的房間用雙手將耳朵堵上，以期望能將父母的聲音擋在外面。

成年人在不想聽到別人說話時，大多也會做出類似的動作。比如：你正說得熱火朝天，對方卻將手指伸進了耳道，好像在掏耳朵一樣，這就暗示著對方對你話題的不屑。你最好禮貌性地詢問對方，是否對自己的話題有什麼看法或意見。如果是不方便詢問的對象，那你就需要考慮換一個話題了。

所以，我們在與他人進行交流的過程中，要注意觀察對方是在摸耳朵還是試圖轉移話題。總而言之，若是對方的雙手在自己的耳邊打轉，那就是在告訴我們，需要提高警惕的時候到了。

小舌頭背後的大祕密

儘管舌頭是身體內部的一個器官，但因為它可以露在外面，因而成了身體語言的媒介，可以用來表達恐懼、欲望、拒絕，以及侵犯他人等資訊。而所有的這些，都可追溯到嬰兒被餵食的本能反應。

例如：有許多敏感、脆弱，帶點神經質的人，經常做出「咬東西」的動作，追根溯源，即是嬰兒飢餓時緊咬母親乳頭才覺得心安這種原始本能的再現。因此，「咬東西」是一種「自我安慰」，它是嬰兒時期因為某些不可知的原因而形成的習慣性焦慮所造成的。嬰兒時的吮手指，小時候的咬指甲，長大後的咬原子筆、咬香菸雪茄，咬的東西雖不同，但內在那種意識深處的焦慮不安卻是一樣的。

在舌頭的諸多動作裡，最值得討論的，乃是用舌頭表達「拒絕」的各種動作。

例如：當人們受到巨大的驚嚇時，除了目瞪口呆、雙手平舉、掌心向外，還會經常把舌頭長長地露出來。這些動作的符號意義以前一直令人費解，但到了現在，大家都認為，這是一種誇大的「拒絕」動作。雙手平舉、手心向外，是一種想要把恐懼推開的動作，而舌頭被長長地吐出來，也和嬰兒用舌頭推開不想要的食物一樣，是在表達拒絕，只是這種拒絕的程度更深了一些。

由於上述這種吐舌頭的動作是自己被嚇時的身體語言，於是，當人要侵犯別人時，就會「己所不欲而施於人」，用這種動作來侵犯別人。這就是「侵犯式的吐舌頭」，也就是所謂的「吐舌頭，扮鬼臉」。這種動作之目的在於嚇人、無禮地侮辱人，但它的本質仍是拒絕，以及由此轉化成的輕蔑。

當人們碰到某種小驚嚇、小緊張、小尷尬時，就會吐舌頭。但這種動作不會持續太久，吐一下很快就會縮回去。這種形態的吐舌頭，在幼稚園學童身上非常容易看到。它所表達的是程度最輕微的拒絕。由於這種動作並無侵犯性，而且多發生在幼童身上，所以儘管幼稚園教師會在幼童伸舌頭時加以制止，這種動作還是存續了下來，成為一種「裝可愛」的表現，用來表達不是那麼嚴重的小驚嚇、小緊張、小尷尬。

除了表示拒絕外，吐舌頭還可能在表達這樣一種心理——無論老幼、不分男女都是這樣，那就是「僥倖逃過一劫」！

一旦你學會觀察這種行為，無論是在討價還價還是在進行激烈競爭，對你而言都非常有用。

許多年前，我想買一部好車。我到經銷商處對業務員說：「我願意以這個價錢買下這輛車。」業務員和我討價還價了一會兒後，使了慣用的一招說道：「好吧，讓我問問我們經理。」於是，他去找經理，我走出他的辦公室，隨便逛逛。

幾分鐘後，我碰巧瞥見那個業務員和他的經理在一扇玻璃門後交談。雖然我聽不見他們在說什麼，但是可以很清楚地看到他們的一舉一動。我看到那個業務員在和他的經理說完話之後，做了一個吐舌頭的動作，雖然動作很快，但我絕對不會看錯。

我回到那個業務員的辦公室，等著他回來。他沒過多久就回來了，對我說：「我們經理認為我給你的價格已經是最好的價格了。」

我反問道：「你的意思是，這是你們能接受的最低價了？」

「是的。」他回答。

「沒有再商量的餘地了？」我用一種追根究柢的語氣說道。

「沒了。」他點頭說，「這是我們的最低價了。」

「既然這樣，那謝謝你了！」我說完從椅子上起身走出辦公室，頭也不回地往大門走去。當我走到出口處的時候，就聽到有人一邊叫我的名字，一邊喊道：「等一等！等一等！」

那位業務員又把我哄回他的辦公室，告訴我他可以在所謂的最低價上再降低兩千七百元，這個新的最低價比我第一次給出的價格僅僅高出一百元而已。

這個故事的重點在於：第一，要摸清這輛車的價格底線是多少；第二，當你看到業務員做出吐舌頭的動作時，你就要知道，他試圖僥倖地讓你接受所謂的最低價。

為什麼拉扯衣領時要警惕謊言？

在觀看電影時我們經常會看到這樣一幕場景：當男主角看到心愛的女孩投入其他男人的懷抱時，會用力地拉扯自己的衣領，並解開襯衫的第一個鈕扣，即使打著領帶他也會煩躁地將其鬆開，這一切都恰到好處地表現了男主角的急躁與不安。男主角這些動作的產生，主要是因為煩躁時火氣很大，所以要用力將衣領扯離自己的脖子，以使涼爽的空氣鑽進衣服裡。

其實更多的時候，男人拉扯衣領的行為並非只是因為煩躁，還有一些其他的原因。

瓊斯最近正在為自己新交的男朋友苦惱著，因為她很想知道現任男友在她之前是否有過非常相愛的女友。於是小心眼的她總是時不時地故意在男友身邊套話說：「你的前女友長得漂亮嗎？」「她是一個溫柔的人嗎？」……男友在她每次提到這些問題時總會顯得煩躁不安，但最終還是會聰明地回答一句：「我過去有女朋友？怎麼可能有這回事。」在說這些話的時候，他總是會下意識地拉扯下自己的衣領。看到男友的這個動作，瓊斯便知道：他在對自己說謊，那些搪塞的話更加顯示出了他的心虛。但此時瓊斯並沒大發脾氣，反而微笑著對男友說：「我希望我們之間能開誠布公，你知道我並不是一個小氣的人……」

研究發現：人在撒謊時之所以會拉扯衣領，是因為謊言會使敏感的頸部神經產生癢的感覺，於是人們便會下意識地試圖透過摩擦或者抓撓的動作來消除這種身體上的不適。

從客觀上講，男士比女士更喜歡拉扯衣領，主要是因為男士大多時候會穿西裝、襯衫，而女士的衣服種類很多且有一些是不帶領子的。如果是女人說了謊，她們更多的反應則可能是故意轉移話題或是將臉轉向別處。畢竟對於注重儀態的女士來說，拉扯衣領的動作看起來比較男人氣。因此，不能僅僅根據拉扯衣領的動作就斷定某人在撒謊。

與拉扯衣領同時相伴的面部表情才是更為重要的。因為如果對方真的撒了謊，那麼在他拉扯衣領時肯定會有細微的面部表情的變化，如：躲開直視自己的目光。

所以，我們通常根據一個人閃躲的眼神和下意識的拉扯衣領的動作來確定他是否在撒謊。

而且人們在說謊時還會因為言不由衷而露出不自在的笑容。因為真誠的笑容是一種下意識的面部動作，它不受大腦的直接控制，而是面部肌肉自主作用的結果，且一副自然的笑容會讓人的眼睛四周出現細紋；而虛假的笑是由大腦發出笑的指令，由思維調動臉部肌肉的運動，所以笑容就會顯得不自然。不真誠的笑臉因為只有嘴角輕輕上揚，所以細紋也只會出現在嘴的四周。

所以，如果我們不能確定一個人的回答是下意識的反應還是心浮氣躁，就可以像瓊斯那樣，由於不能判斷出男友在回答問題時頻頻拉扯衣領是不是擔心自己的謊言被識破，便用真誠的微笑來詢問對方「有什麼地方不舒服嗎？我希望我們之間能開誠布公」或是「你剛才說什麼？再說一遍行嗎？」以期套出對方更為真實的想法。

多看對方一眼，洞悉真實情感

英國動物學家德斯蒙德．莫里斯（Desmond Morris）說：「當一個人和另一個人相視的時候，這兩個人會立刻發現自己很矛盾：既想和對方有眼神接觸，同時又想要避開對方的眼神。如此的來來去去，便發展成人類一套複雜的眼神移動模式。」

我們用理智控制著身體的每一個舉動，力求讓它們中規中矩，可你不曾想到的是，我們的眼神會洩漏自己內心的祕密。而別人正像靈敏的獵犬一樣注視著你的眼神，將你視為獵物。比如：讓小布希堅決攻打伊拉克的原因，僅僅是因為FBI的專家在薩達姆的眼中看出了恐慌。而對於FBI探員來說，每一次的約談都可以在一個個不經意的眼神中，找出擊敗對手的突破口。

信任的基礎，從眼神的交流開始

接觸來完成的。當你和一個人說話時，他的眼睛總是看向別處，你還會相信他所說的嗎？當一個人和你交流時，眼睛眨動的頻率明顯比平時高，你還會相信他是無辜的嗎？

FBI探員喬接到線人檢舉說，他的一個嫌疑人此時正躲藏在女友家裡，於是喬馬上趕過去準備抓捕他。可是當嫌疑人的女友打開門後，卻告之她的男朋友並沒有來過她家。喬並不能確定對方的話是否真實，於是對其進行了進一步的盤問。在喬反覆詢問的過程中，嫌疑人的女友雖然一直保持鎮定，可是其眨眼頻率已經明顯高於先前，喬由此斷定該嫌疑人一定還在女友家中。最終在喬一再的堅持下，他對房間進行搜查，並在房間的大衣櫃裡找到了那名嫌疑人。

在這個案例中，喬正是由於發現了嫌疑人女友眼睛的頻繁眨動，才察覺到其內心的不安和緊張。儘管當時她的表現是那麼鎮靜，可是她的眼睛卻出賣了她，最終使得喬透過套話，發現了更多的線索。

達文西說：「眼睛是靈魂的鏡子。」喬．納瓦羅也說：「眼神的接觸更有利於約談雙方融洽關係的搭建，如果我們想要維持與嫌疑人的友好關係，那麼與對方握手或是交談時就不要馬上停止眼神的交流，而應緩緩地將視線移至對方的左右兩側。」

在日常生活中，人們的接觸與溝通都離不開彼此眼睛的參與，比如：它總是讓我們看到自己喜歡的人，而對於那些自己討厭的人會視而不見或不再看第二眼；當我們看到自己感興趣的東西時，一般會長時間地盯住不放；我們還可以用眼神來傳達力度感，從而控制整場談話；當我們的情緒受到影響時，眼神還可以說出語言難以表達的情緒。所以說，眼睛所能傳達出來的不僅是祕密，還可以是一種愉快和友善的氛圍，對交流產生更有利的影響。

人們在握手或打招呼時的眼神接觸，通常支配欲較強的人會持續的時間長一些，而性格比較溫順的人持續的時間會短一些。對於男士而言，在與同性打招呼時，眼睛注視的時間最好短一些，否則很容易傳達錯誤的資訊而引起不必要的麻煩。要知道良好氣氛的營造對於交流是非常有利的。

那麼，在不同的場合和情況下，我們又該如何運用好自己的眼神來討對方喜歡，以便更快地達成自己的目標呢？

在兩個人的交流過程中，能夠時刻保持眼神的交流是一件很好的事情，但若一味死盯住對方不放，便很有可能會讓他感到不自在，從而希望能盡快結束這次談話。所以，為了避免這種尷尬的出現，在交流過程中，我們可以每隔五秒鐘便打斷一下彼此的眼神交流。

但切記眼睛不要向下看，因為這是結束談話的暗示。我們可以試著向上看或是向旁邊看，就像在思考什麼事情一樣。當對方看到時，也會認定你在思考問題，因此將繼續對你的話題感興趣。我們還可以在傾聽時先看對方的一隻眼睛五秒鐘，然後將視線移向另一隻眼睛，接著移向嘴邊，這樣保持循環移動，對方就會覺得我們對他的話題很有興趣，從而願意與我們繼續交談下去。

在與他人發生爭辯時，如果想保持對自己有利的地位，那麼眼神的威力是不容小覷的。若是眼神用得好，即使不說話也能讓對方屈服；若是用得不好，便已經輸了一半。所以，你可以持續盯住對方的眼睛，並透露出堅定的眼神。在對方說話時，也不要放鬆注視，透過這種眼神的接觸觀察他的語調和神色。保持沉默，用眼睛注視，這是一種不說話也能贏的有效途徑。

倒敘不清，謊言的蛛絲馬跡

某部電視劇中有過這樣一個有趣的情節：劇中主角在等了許久之後終於等到一個停車位，可是當他剛要倒車停進去時，一輛飛馳而來的車搶占了他的車位。主角質問搶車位的司機：「難道你沒有看見我等了很久才等到這個車位嗎？」那個司機點了一下頭後連連搖頭，非常無辜地說：「沒有，我也在等車位。」主角非常認真地說：「您在說謊，因為剛才您做了一個非常典型的『說謊』動作：『在搖頭說不之前，先輕輕點了點頭』……」

就這樣一個不經意的點頭動作，讓搶車位的司機洩露了內心的祕密。由此可見，謊言並不是無懈可擊的，只要我們用心觀察，便很容易從對方不經意的動作中了解他們的真實想法。其實每個人都會說謊，曾有一位著名的教授指出：每天與我們交流的十個人中，就有五個人在說謊。說謊的原因大多是想隱瞞一些事情或是不想被人看透心思，所以才會採取一些手段進行掩飾。而這種情況在審訊過程中表現得更為明顯。

FBI探員傑克約談了一名犯罪嫌疑人，並問他：「事發當天你都在做什麼？」嫌疑人回答說：「我八點去了超商，十點在上班的路上，十二點在吃工作餐……」這名嫌疑人將時間地點回答得非常流利，似乎完全可以證明自己當時並不在作案現場。

傑克接著問道：「請你把你剛才說的事情，按由後往前的順序再說一遍，好嗎？」經過長時間停頓後，嫌疑人支支吾吾地說：「下午五點的時候，我……我在……」嫌疑人根本無法將自己所做的事情倒敘出來，所以傑克由此判定嫌疑人在說謊。

對於準備說謊的人來說，他們可以事先編造一番流利的對答，但是由於沒有切實參與過這些事情，所以這些事情不能進入深層記憶。如果讓他們倒著說出所做的事情，便會露出馬腳。所以當你面對一個高明的說謊者時，可以用這些套話的技巧讓其露出馬腳。比如：假裝自己沒有聽清他剛才的敘述，從他所說事件中抽出幾個時間點，讓他對其重新進行描述。如果他不能流利地答出來，那麼他說謊的事實就顯而易見了。

如果在交流時對方出現以下特徵，同樣可以被認定是在說謊。比如：語速很快且比平時流暢，這點說明對方早有準備；在撒謊時，對方大多答非所問，且嘴動手不動；說話時停頓時間較長，很容易支支吾吾，身體不動，姿勢沒有太多變化；說謊人的眼睛要麼不敢看對方，要麼瞳孔會比平時大；對於性格內向的人來說，撒謊時語言會顯得非常不流利。

總之，人在撒謊的時候，無論手段與技巧多麼高明，都會留下各種痕跡。哪怕語言敘述得天衣無縫，肢體動作也會洩漏祕密。如果我們能夠看穿對方的謊言，就會在心理上占據絕對的優勢，因為當我們明確了對方的真實想法後，便可不再受制於人。尤其是在進行一些商業談判時，如果能充分利用這些識破謊言的技巧，反而可以「先發制人」。

他是不是對我撒謊了？

在社交中，人們說謊或被謊言欺騙的次數之多令人震驚。美國麻省理工學院的一位心理學家費德曼研究稱，每人平均每日最少說謊二十五次。當然，謊言有不同類型之分，有的謊言是出於善意，對此我們大可不必理會；但若是謊言出於欺騙和傷害的目的，我們又如何知道自己是否被騙呢？

美國加州大學的一項研究發現，即使最常說謊的人，當他的大腦轉換成假裝模式時，也會有下意識的訊號可以被抓住，普通人可以像測謊儀一樣，抓住說謊者的疏漏。

大部分騙子都可以分為兩種類型——偶爾說謊的人和經常說謊的人。

偶爾說謊的人

偶爾說謊的人，通常是為了迴避不愉快的情況，或是掩蓋自己的錯誤，而以謊言加以掩飾。這種人不善於說謊，所以說謊的時候會感到局促不安，而不安的情緒會表現在外貌、肢體語言及聲音上。

◎不提及自身及牽涉的人的姓名

美國赫特福郡大學的心理學家韋斯曼說：「人們在說謊時會感到不舒服，所以會本能地把自己從他們所說的謊言中剔除。比如你問一個人昨晚為什麼不來參加約好的晚餐，他會抱怨說他的汽車拋錨了，他不得不等著車修好。說謊者通常會用『車子壞了』來代替『我的車子壞了』。」

所以，如果你向某人提問時，他總是反覆地省略「我」，他就有被懷疑的理由了。反過來，撒謊者也很少使用他們在謊言中牽涉的人的姓名。一個著名的例子是，美國前總統比爾·柯林頓在向全國人民講話時，拒絕使用「陸文斯基」，而是說「我跟那個女人沒有發生性關係」。

◎避免與他人的目光接觸

每個人都記得小時候媽媽的數落：「你肯定又撒謊了，因為你不敢看我的眼睛。」一些偶爾說謊的人在說謊時往往會去摸眼睛以避免與他人的目光接觸。女人在說謊時，一般會輕輕地摸眼睛的下方，為的是避免動作粗魯，害怕弄花自己的妝；她們也會看天花板，以避開對方的視線。而男人揉眼睛的時候通常較為用力，也會去看天花板或者其他地方。

◎音量和聲調突變

如果妳問老公剛剛是誰打來的電話，他突然開始像喜鵲一樣說話，妳就得警惕了。音調突然升高往往是說謊者為了掩飾自己的心虛。

◎真實表情閃現時間極短

人維持一個正常的表情會有幾秒鐘，但在「偽裝的臉」上，真實情感停留的時間極短，所以你得小心觀察「誰是流露出驚恐的神態卻強作鎮定的人」。在美國保密局提供的影片中，柯林頓說到陸文斯基時，他的前額微微皺了一下，然後迅即恢復了平靜。

◎說謊時鼻子會變大

你知道說謊時你的鼻子會變大嗎？你的身體在說謊時的反應是，多餘的血液流到臉上，有些人整個面部都會變紅，而且說謊還會使你的鼻子膨脹幾公釐。當然，這種膨脹用肉眼是觀察不到的，但是說謊者會覺得鼻子不舒服，因而會不經意地去觸摸它——這是說謊的表現。

◎撒謊的人老愛觸摸自己

人在撒謊的時候越是想掩飾自己的內心，越是會因為多種身體動作的變化而將內心表露無遺。心理學家弗里（Aldert Vrij）等曾做過這樣一項實驗：

讓被實驗者用謊言回答面談者的提問，並分別記錄各個時間段裡的非語言行為。與不說謊時的行為比較，被實驗者撒謊的時候，回答變得更加簡短，而且還伴有擺弄手指、下意識地撫摸身體某一部位等細微的動作。

在說謊時，人們經常會去捂自己的嘴，但又覺得這樣不太合適，所以最後通常會在鼻子上摸幾下，以此來掩飾自己剛才捂嘴的動作。有的時候，並未說謊的人在說話時也會摸一下鼻子，但是這一動作與撒謊時有明顯的區別。從觸摸的時間和力度上可以看出，不說謊者觸摸的時間稍稍長一些，力度也大一點。

◎拉衣領

拉衣領這一動作顯得很普通——為了美觀，人們通常會注意自己的衣領。據心理生理學研究：人們在說謊時會引起心理的不平衡，導致交感神經功能的微妙變化，引起面部和頸部的刺痛感，就會用手來揉一下或碰觸一下，或下意識地拉一下自己的衣領。

經常說謊的人

經常說謊的人，在熟能生巧的情況下，連外貌、肢體語言、聲音等都能控制得維妙維肖，不露出什麼蛛絲馬跡，但他們的謊言並不是毫無破綻。

◎說謊時眨眼或摩擦眼睛

對於一些習慣說謊的人來說，他們學會了反其道而行之以避免被發覺——緊緊地盯著你看。由於欺騙者看你的時候注意力太集中，眼球開始變得乾燥，他們不得不更頻繁地眨眼或是揉眼睛來緩解乾燥帶來的不舒適感，而正是這個動作洩露了致命的資訊。

另外一個準確的測試是，直接盯著看某人眼睛的轉動。人的眼球轉動說明他的大腦在工作。大部分人當大腦正在「構築」一個聲音或影像時，如果他們的眼球在不停地轉動，也能說明他們在說謊。這種「眼動」是一種反射動作，除非受過嚴格訓練，否則是假裝不出來的。

◎反覆問同一個問題後，說謊者會勃然大怒

問一個問題，然後等他們回答。問第二次，回答會保持不變。在第二次和第三次之間留一段空隙。在這期間，他們的身體會平靜下來，他們會想：「我已經矇混過關了。」

在所有的生理反應消退後，身體放鬆成為正常狀態。當你趁他們不注意再次問這個問題時，他們已經不在說謊的狀態中了，他們不是惱羞成怒，就是會傾向於坦白。如果一個人說：「我不是已經和你說過這件事了嗎？」然後才勃然大怒，他多半是在欺騙。他也可能對你說：「事情是這樣的，我還是對你直說了吧……」

◎說謊者從不忘記任何細節

在你的朋友身上試試，問他們兩天前的晚上從離開辦公室到上床，都做了什麼，他們在敘述過程中難免會犯幾個錯誤。記住一個時間段的所有細節是很困難的。人們很少能記住所有發生的事，他們通常會反覆糾正自己，把思緒理順。所以他們會說：「我回家，然後坐在電視前——噢，不是，我先打了通電話給我媽，然後才坐在電視前面的。」但是說謊者在陳述時是不會犯這樣的錯誤的，因為他們已經在頭腦的假定情景中把一切都想好了。他們絕不會說：「等一下，我說錯了。」恰恰是在陳述時不願意承認自己有錯，反而露出馬腳。

第二章　相由心生——臉部表情與性格解碼

眉毛一挑，嘴角一翹，就知道他心裡的真實想法！人們的臉上寫著內心的祕密，掌握一定的面部微表情的解碼方式，就能讓他人越裝越明顯、越藏越無所遁形。

表情是如何描繪思維的畫布？

一九一二年諾貝爾獎得主、法國生理學家卡雷爾在他的《人，神祕莫測者》(*Man, the Unknown*)一書中論述道：「我們會見到許多陌生的面孔，這些面孔能反映出他們的心理狀態，而且隨著年齡的增長，會反映得越來越清楚。臉就像一臺能展示我們人的感情、欲望、希冀等一切內心活動的螢幕。」

我們所說的「臉」不僅是指靜態的人的長相，而主要是指動態的臉部表情。臉部表情在反映一個人的情緒方面占有很重要的地位，它是「觀察內心世界的幾何圖」。人類的心理活動非常微妙，但這種微妙常會從表情裡流露出來。

人們在歡欣喜悅時會表現出高興的表情，臉頰的肌肉會鬆弛；人們在憤怒時會表現出扭曲誇張的表情；人們在嫉妒別人時會表現出喜怒無常的表情；人們在遇到悲哀的事情時會淚流滿面。

不過，也有些人不想讓自己的這些內心活動被別人看出來，如果單從表面上看，就會判斷失誤。從表情窺探他人的內心祕密看似很簡單，實際上並不容易。

美國心理學者奧古斯特．布里爾曾經做過這樣的實驗：讓幾個人用表情表現憤怒、恐怖、誘惑、漠不關心、幸福、悲哀六種感情，並用錄影機錄下來，然後，讓他人猜哪種表情表現哪種感情。結果平均每人只有兩種判斷是正確的，當表現者做出的是憤怒的表情時，看的人卻認為是悲哀的表情。

在一次洽談會上，對方完全是一副笑嘻嘻的滿意表情：「我明白了，你說得很有道理，這次我一定考慮考慮。」這使人很安心地覺得洽談成功了，可是最後的結果卻是以失敗而告終。在很多時候，人們縱使情緒很激動，也會偽裝成毫無表情，或者故意裝出某種相反的表情。所以，如何去探測對方的表情底下所隱藏的真實情緒，對探測者的觀察力提出了更高的要求。依靠表情突破對方心理時要注意以下兩方面：

◎沒表情不等於沒感情

假使一個人對另一個人懷有憎惡、不安的感情又不願讓對方知道，就會變得面無表情。

生活中，我們有時會看到有的人不管別人說了什麼、做了什麼，他都面無表情。碰到這樣的人，許多人都感到十分頭痛。其實，沒表情不等於沒感情，因為內心的活動倘若不呈現在臉部的肌肉上，就會顯得很不自然，越是沒有表情，就越有可能是感情更為衝動。

例如：有些職員不滿主管的言行，卻又敢怒不敢言，只好故意裝出一副面無表情的樣子。事實上，不管如何壓抑那種憤怒的感情，內心的不滿依然很強烈，如果仔細觀察他的面孔，就會發現他的臉色不對勁。

人們經常把這種木然的面孔稱為「死人」似的面孔，也就是說他像死人一樣面無表情、神色漠然。這種「死人」似的面孔本身就是一種不自然的表現。

此外，雖然這類人努力使自己喜怒不形於色，但倘若內心情緒強度增加的話，他們的眼睛往往就會馬上瞪得很大，鼻子會顯出皺紋，或在臉上出現抽筋現象。所以，如果看見對方臉上忽然抽筋，那就表示在他的深層意識裡，正陷入激烈的情緒衝突中。

如果碰到這種人，最好不要直接去指責他，或者當眾給他難堪。當看到部屬臉色蒼白、臉部抽筋時，主管最好這樣說：「最近是不是心情不好？如果你有什麼不快，不妨說出來聽聽。」以設法安撫部屬正在竭力壓抑的情緒。

死板的面孔或抽筋的表情，至少可以暗示上下級關係正陷入低潮，這時雙方最好開誠布公地交換意見，以消除誤解，改善關係。

毫無表情，有時候也可能代表著好意或者愛意。尤其是女性，倘若太露骨地表現自己的愛意，似乎為常情所不許，於是便常常表露出相反的表情，裝出一副對對方毫不在乎的樣子。其實表面上漠不關心，骨子裡卻是十分關心在意的。

◎憤怒、悲哀或憎恨至極時也會微笑

通常人們說的「臉上在笑，心裡在哭」正是這種類型。縱然滿懷敵意，但表面上卻要裝出談笑風生、行動也落落大方的樣子。

人們之所以要這樣做，是覺得如果將自己內心的欲望或想法毫無保留地表現出來，無異於違反社會規則，甚至會眾叛親離，或者成為大眾指責的罪魁，恐怕會受到社會的制裁，不得已而為之。

關於這一點，最好的例子就是夫妻吵架。

丈夫小A和妻子小B剛結婚時，感情很好，常常形影不離。可是，隨著生活的日漸平淡，兩人都熟悉了婚後的生活，再也沒什麼新鮮感了，就常常為柴米油鹽醬醋茶的瑣事而吵架了。

起初小A和小B一有不滿就互相爭吵，各不相讓，但吵過後，兩人堅持不了幾個小時又和好了。後來，隨著吵架次數的增加，這好像成了家常便飯，小A和小B誰也不願再理睬對方，他們進入了一個冷漠的階段。

但這也不是辦法，小A和小B還要面對家人和朋友，為了不讓別人看出來，他們逐漸過渡到有別人在場的時候，兩人顯得關係還不錯，很恩愛，而一旦只有他們相處時，家裡則靜悄悄的，互不打擾。漸漸地，沒人在的時候他們也開始說話了，但這並不是盡釋前嫌，只是有時候有一些不得不說的話而已。當彼此間的不可調和發展到極端時，不快樂的表情逐漸消失，他們的臉上反而呈現出一種微笑，態度也顯得謙恭而又親切。

怪不得一位經常辦理離婚案的法官說，當夫婦間任何一方表現出這種態度時，就表明夫妻關係已到不可調和的地步了。由此可見，觀色常會產生誤差。滿天烏雲不見得就會下雨，笑著的人未必就是高興。很多時候，人們苦水往肚裡吞，臉上卻是一副甜甜的樣子。反之，臉拉下來時，說不定心裡正在笑呢。

臉部表情是一種豐富的人生姿態與交際藝術，是一種風情、一種身分、一種教養、一種氣質特徵和一種表現能力。

一般情況下，人們都確信，臉部表情在交流思想、感覺和情感方面發揮著非常重要的作用，並且臉部表現出來的內容比精神上展現出來的內容更充分、更深刻。臉部不僅隱藏著人們的善惡、理性、知識、智力、情感的內容，還能表現出人的體質、人體構造及生理、心理的病態傾向。

可是，幾乎沒有人知道如何將臉部表情進行細分。下面，我們將詳細介紹臉上各個部位的變化如何對應個人的心理變化。

從眉毛變化看透他人的情緒起伏

俗話說，「眼睛是心靈的窗戶」，那麼離眼睛最近、關係最為密切的就應該是「心靈的窗框」——眉毛了吧！

眉毛位於眼睛上方，其最大的功用就是保護眼睛。試想，當你從事繁重的體力勞動，或者在炎熱的夏天學習與工作時，額角出汗、汗水下淌的時候，若不是眉毛在眼睛上面擋住，汗水就會流進眼睛裡，眼睛豈不是要得各種眼病嗎？同樣的道理，如果頭上掉灰塵，眉毛也能擋灰塵，保護眼睛。

除了保護眼睛外，眉毛還是臉上極具情感表現力的一個部位，能夠用來傳達很多不同的情緒。人的心情變化了，眉毛的形狀也會隨之改變。下面我們就具體來分析一下：

◎眉毛上挑

如果一個人只挑起左邊或右邊的眉毛，通常表示對別人所說的話、所做的事不理解、有疑問，好像在說：「真的嗎?你確定你是這個意思嗎?」

如果一個人雙眉向上挑起，則表示非常欣喜或極度驚訝，有時也用來表明將要提出問題。

喬治如約來到了局長辦公室。其實像喬治這樣的普通探員是很少有機會和局長面對面交流工作的，如果不是情況萬分緊急，喬治也不會想到帶著方案來直接約見局長。

事情的起因是這樣的：喬治的一個線人告訴他，可能有兩個恐怖分子將攜帶一批重要檔案在明天抵達紐約某機場，其所乘班機十分特別。喬治對該次班機進行調查後發現，該班次恰恰是美國某高官回國所搭乘的那一趟。這樣的情報，讓喬治感到有些匪夷所思，可是這個線人給他的情報一向很準，他也不想輕易放棄一次消滅恐怖分子的機會。當喬治把自己的想法報告給自己的主管後，主管因為喬治無法向其提供足夠的證據而否定了他的方案。這讓喬治感到十分懊惱，於是他決定親自找局長來討論這個方案的可行性。

喬治一進局長辦公室，坐在大辦公桌後面的局長就從頭到腳打量了他好幾回，對他的到來顯得並不太友好。

果然，還沒有交談幾句，局長就開始對喬治的方案百般挑剔起來。無論是對整個計畫還是具體的執行，局長都說了一籮筐的反對意見，最後甚至想以計畫完全不可行為由，徹底否定此次行動。喬治不得不反覆強調方案的重要性，可局長只是「嗯」了一聲，並不自覺地挑起了左側的眉毛，抽了抽嘴角，流露出一副完全不相信的表情。

喬治看出了局長的否定態度，於是他乾脆向局長借了一張紙，掏出筆，在紙上將計畫的每個步驟和時間安排都進行了詳細的描述，同時又將放棄這次計畫可能帶來的損失一條條給局長列了出來。直到這時，局長才把原來挑起的眉毛放了下來，眼裡帶著笑，不斷地點頭，顯然已經接受了喬治的計畫。

就是透過局長眉毛的一高一低，喬治敏銳地發現了在否定的訊號中所包含的機會。事後喬治解釋說：「一條眉毛上揚，一條眉毛保持下垂，是一個人『疑惑』的象徵；而一個人既驚訝又疑惑時，則會出現一條眉毛上揚的表情；如果兩條眉毛都上揚，則表示非常驚訝。當時局長只有一條眉毛上揚，我便判斷出他對我的計畫是感到非常驚訝和疑惑的。於是我對計畫做了更詳細的說明，並在說明的過程中套出了局長驚訝的原因。等局長心裡的驚訝和疑惑都被化解，他肯定就會同意我的計畫了。」

若一個人在說「是嗎？原來是這樣啊！」時揚起一條眉毛，或是不停地用手撫摸眉毛或眼皮，就表示他並沒有完全相信你。此時，我們必須進一步套出對方不相信的原因，或是拿出更為充分的證據來證明自己的話。只有努力消除對方的疑惑，我們才能贏得更多的信任。

如果你在說「有時間喝一杯」時，對方的眉毛做出了上揚的動作，就表示他認為你的邀請不過是一次外交辭令罷了。此時，若你能夠繼續向對方確認聚會的時間和地點，那麼對方肯定會對此表示感激，並大大提高對你的信任程度。

正常情況下，人們很少出現一條眉毛上揚的表情，所以，如果發現這種表情，一定不要認為它是偶然現象，而要認真對待，並努力找出原因。要知道，在交流過程中，任何一方心存疑慮都會切斷溝通的紐帶。如果看到眉毛上揚的動作，我們一定要曉之以理、動之以情，提供足夠的證據來證明自己觀點的正確性，消除對方一些有負面影響的觀念，千萬不要再按照原來設計好的思路繼續該話題，否則只會無果而終。

◎深皺眉頭

皺眉分為兩種：防護性皺眉和侵略性皺眉。

防護性皺眉的目的是保護眼睛免受外來的傷害，在皺眉時還需要把眼睛下面的面頰往上擠，眼睛則仍是睜開的。當一個人面臨外界攻擊、突遇強光或受到強烈情緒的刺激時，通常會出現這種退避反應。

至於侵略性皺眉，其基點仍是出於防禦，是擔心自己侵略性的情緒會激起對方的反擊，與自衛有關。

最常見的深皺眉頭，往往出現在厭煩、焦慮、沮喪或猶豫不決等情形之下。

◎眉毛內靠和外揚

如果一個人的兩邊眉毛向中間靠攏，你就會知道這個人在思考問題，正如俗話說的「眉頭一皺，計上心來」；如果兩邊眉毛向外揚起，定是喜氣洋洋，稱作「眉飛色舞」。

◎聳眉

眉毛先揚起，停留片刻然後再下落，就是聳眉。聳眉經常伴隨著嘴角迅速而短暫地往下一撇。聳眉表示的是一種不愉快的心理，有時也表示無可奈何。在激烈的討論過程中，當一個人講到重要處時，也會透過不斷聳眉來強調自己所說的話。

◎眉毛斜挑

眉毛斜挑是指兩條眉毛中的一條向下垂落，另一條向上揚起，揚起的那條眉毛就像一個問號，反映了眉毛斜挑者那種懷疑不解的心理。在成年男子臉上，我們會經常看到這種無聲語言。

◎眉毛皺起

眉毛皺起是指兩條眉毛同時上揚並相互趨近。當人們遇到麻煩事或極度憂鬱時，通常會表現出這種表情，而變成哭喪臉，「愁眉不展」，心事重重。有些慢性疼痛的患者也會如此。

◎眉毛閃動

眉毛閃動就是眉毛先上揚，在瞬間內再下降，像流星劃過天際，動作敏捷。這是全世界人類通用的表示歡迎的訊號，是一種友善的行為。

眉毛閃動通常伴有揚頭和微笑，但也可能單獨發生，一般出現在對話時，作為加強語氣之用。每當說話時要強調某一個字時，眉毛就會閃動，像是在暗示：「我說的這些都是很驚人的！」

性格的線索，隱藏在眉型之中

上述我們討論的都是眉毛在運動時的情形，其實，在它們靜止不動時，僅僅觀察其表面的形態，我們也能判斷出一個人的性格特徵。

民間也有一種說法：「一個人有錢沒錢，可以看他的鼻頭；會不會存錢，可以看他的鼻翼；不過，想看一個人會不會用錢賺錢，或是和朋友共享利益，有錢大家賺，就必須看他的眉毛。」

◎眉心窄的人愛斤斤計較

眉心窄小的人度量也小，喜歡斤斤計較，小家子氣，很難與人相處和合作。這是什麼道理呢？一個人一遇到不如意的事情，就皺眉頭，慢慢地眉心的肌肉就萎縮了，眉心自然窄了。相應的，眉心寬的人心也寬。

◎眉尾散碎是散財的象徵

眉尾疏落散碎，又叫做「掃把眉」，是散財的象徵。這類人做事常考慮不周，缺少計畫，又容易衝動行事，所以常有無謂的破財，把自己辛苦賺來的錢輕易散去，是最無發財跡象的一種眉型。而且，有此眉的人，心緒不寧，凡事杞人憂天，更容易失去錢財。

◎眉毛的濃密反映感情的濃淡

眉濃的人感情亦濃，眉淺的人感情亦淺。除了眉毛濃密，還須細看他的眉毛是否濃得柔順而不雜亂，上下有層次。如果是，那這個人對朋友會特別好，感情真摯長久，可以為了朋友兩肋插刀。

命理學一般認為，眉毛疏淡的人，基本上是不重兄弟、朋友、夫妻之情的人，往往容易「道義放兩旁，利字擺中間」。大家經常會發現，實際生活中那些拋妻賣友、無情無義的人，大部分都是疏眉淡眉之人。

人的每一根眉毛都代表了對他人的關懷和情感。這種疏眉的人為了自己的利益和生存，一定會「踩著朋友的頭」去追求財富，有朝一日發跡之後，又會和朋友保持距離，寧可自己獨享，也不願和朋友同樂。

◎眉尾散亂的人心緒不寧

所謂財散人不安樂，用來形容這類人最適合不過了。因為眉散也代表著財散，所以會出現很多經濟問題，導致心緒不寧。如果再加上眼蓋浮腫還壓著眼睛，則他更可能是個脾氣暴躁的自私鬼。

◎眉毛柔順有修養

眉毛柔順，且向兩邊緩緩伸展，微微彎曲，這樣的人很有修養，頭腦清晰。相反，眉毛不柔順，豎起來，而且生得稀稀落落，這樣的人缺乏修養，做事馬虎，還好高騖遠，不能腳踏實地。如果眉毛再短小點，那麼對朋友也會有所虧欠，因為太過保護自己，事事都以利益為重，因此給人一種自私的感覺。此外，眉毛凸垂或低懸，遮蓋著眼睛的人，領悟力強，對事物觀察深刻；眉毛平直的人，重實際；眉彎曲的人，敏感，愛美；眉尾向上者，性格豪放而剛強；眉尾向下者，性格懦弱而悲觀；螺旋眉的人，多智多疑，虛榮心強，易中途受挫；八字眉的人，易悲觀，而且用情不專……

當然，還是要提醒每位朋友：儘管有「觀眉毛，識破人」一說，但若要真正了解一個人，還必須綜合去分析、去考察。因為人是最難了解的，所以才有「知人知面不知心」一說。

用眼神傳遞深層情感的密語

印度詩人泰戈爾說得好：「任何人一旦學會了眼睛的語言，表情的變化將是無窮無盡的。」眼睛除了作為人體的視覺器官之外，還能真實地傳達出人的各種情感。

不管我們何時何地與何人打交道，如果沒有特殊原因，請你一定要看著對方的眼睛。因為眼睛對視是對對方的一種尊重、一種真誠，也是心靈的溝通。但千萬要注意對視的時間。在《人際行為心理學》（*The Psychology of Interpersonal Behavior*）一書中，作者麥可·阿蓋爾（Michael Argyle）提到，人們互相注視的時間通常占全部接觸時間的百分之三十到六十，如果互相注視的時間超過百分之六十，那他們很有可能互相愛慕，或是準備打架了。至於接下來他們之間到底會發生什麼，則需要仔細觀察他們的一系列行為。

我們看眼睛，不重其大小圓長，而重在眼神。觀察一個人的眼神，可以辨別一個人品格的好壞。正如孟子在〈離婁上〉中所述：「存乎人者，莫良於眸子。眸子不能掩其惡。胸中正，則眸子了焉；胸中不正，則眸子眊焉。」一個人的心術是正是邪，透過他的眼神能看得清清楚楚。

一個人的所思所想很多時候會透過他的眼神表現出來，讀懂人的眼神便可知曉人的內心狀況。一個人心裡無論正在打什麼主意，他的眼神都會立刻忠實地告訴你。那麼，在交談時，我們怎樣從對方的眼神裡探出其真正意圖呢？

◎眼神沉靜

他對於你所著急的問題，早已成竹在胸，穩操勝券。向他請教辦法，如果他不肯明說，可能是因為事關機密，不要多問，只靜待他的發落便是。

◎眼神散亂

他也是毫無辦法。乾著急是無用的，向他請教，也是無用的。你得平心靜氣，另想應付辦法，不必再多問，多問只會增加他六神無主的程度。這是你顯示才能的機會，快快自己去想辦法吧！

◎眼神橫射，彷彿有刺

他異常冷淡。如有請求，暫且不必向他陳說，應該藉機從速退出，即使再多逗留片刻也是不妥的。要退而研究他對你冷淡的原因，再謀求恢復感情的途徑。

◎眼神陰沉

應該明白這是凶狠的訊號。你與他交涉，須小心一點。他那隻毒辣的手，正放在你的背後伺機而出。如果你不是早有準備，想和他分個高下，那麼最好從速鳴金收兵。

◎眼神流動異於平時

他心懷詭計，想給你點苦頭嘗嘗。這時應步步為營，不要輕易接近，前後左右都可能是他安排的陷阱，一失足便會跌翻在他的手裡。不要過分相信他的甜言蜜語，這是鉤上的餌，是毒藥外的糖衣，要格外小心。

◎眼神呆滯，唇皮泛白

他對於當前的問題惶恐萬狀，儘管口中說不要緊。雖未絕望，也的確還在想辦法，但他卻一點也想不出個所以然來。你不必再多問，應該自己去考慮應付的辦法；如果你已有辦法，應該向他提出，並表示有幾成把握。

◎眼神似在發火

他此刻怒火中燒，意氣極盛。如果不打算與他決裂，你應該表示妥協，速謀轉機。否則，再逼緊一步，勢必會引起正面的劇烈衝突。

◎眼神恬靜，面有笑意

他對於某事非常滿意。你想討他的歡喜，不妨多說幾句恭維話；你想有所求，這也是個好機會，相信他一定比平時更容易答應去滿足你的願望。

◎眼神四射，神不守舍

他對於你的話已經感到厭倦，再說下去必無效果。這時你應該趕緊告一段落，或趁機告退，或尋找新的話題，談談他所願意聽的事。

◎眼神凝定

他認為你的話有聽一聽的必要。你應該照預定的計畫婉轉陳述，只要你的見解不差，辦法可行，他必然是樂於接受的。

◎眼神下垂，連頭都向下傾了

他心有重憂，萬分苦痛。你不要向他說快樂事，那樣反而會加重他的苦痛；也不要向他說苦痛事，因為同病相憐越發難忍。你最好說些安慰的話，並且從速告退，多說也是無趣的。

◎眼神上揚

他不屑聽你說話。無論你的理由如何充分，說法如何巧妙，還是不會有愉快的結果，不如戛然而止，退而另求接近之道。

總之，眼神有散有聚，有動有靜，有流有凝，有陰沉有呆滯，有下垂有上揚……仔細參悟之後，必可發現人情畢露。

撒謊者的眨眼頻率為何異常？

科學家發現，瞳孔不會「說謊」，它是生命機能靈敏的顯示器，是大腦的延伸，是中樞神經系統活動的象徵，最能真實地反映一個人內心的真實感受。當我們近距離地接觸一個人時，就能非常清晰地透過瞳孔辨識（一種觀察眨眼頻率和瞳孔擴張、收縮的方法）來讀懂人心、識破謊言。

眨眼睛既屬於一種自發性的行為，也屬於一種下意識的行為。不管一個人的眼睛看上去是乾澀還是水潤，注意其眨眼頻率都非常重要。要時刻注意和你交談的人的眨眼頻率，看他的眨眼頻率是正常、過高還是過低。

眾所周知，如果一個人撒謊，其眨眼頻率就會比平時高很多。例如：美國海關檢查員通常會告知遊客，如果有違禁物品未申報，就會被遣送回國。你是否覺得這是一個非常愚蠢的做法？因為遊客已經填寫了申報表。其實不然，當檢查員提出這個要求時，他會仔細觀察遊客的眼睛，看對方的眨眼頻率是否正常。如果遊客總是眨眼，其頻率明顯過高，檢查員就會檢查他的行李。

此外，辦案人員通常也會記錄下犯罪嫌疑人的眨眼頻率，以協助他們確認對方是否有罪。因為較高的眨眼頻率能反映一個人的罪惡感，而較低的眨眼頻率則說明這個人正在準備坦白一些事情，正是因為如此，嫌疑人才沒有精力去注意自己的眼睛。這就是要記下一個人所有的表情和手勢的原因所在。

此外，日本管理顧問武田哲男先生曾指出：眨眼的動作除了顯示對方當下的狀態之外，很多時候也是個性的展現。一般來說，喜歡眨眼的人心胸狹隘，不太值得信任。如果和這種人進行交涉或有事相託時，最好直截了當地說明。

瞳孔對興趣的反應靈敏到令人吃驚的程度。艾克哈德・H・海斯（Eckhard H. Hess）博士在全美醫療催眠學會總會上提出了自己的臨床實驗成果：「當眼睛捕捉到足以導致舒爽、刺激的事物時，瞳孔會無意識地迅速擴大。」

其實，人們很早就知道怎樣透過瞳孔的變化來解讀他人的內心。據說，古代波斯的珠寶商人就是根據顧客看到首飾時瞳孔的大小來要價的。如果一枚鑽戒的燦爛光澤能使顧客的瞳孔擴張，商人就會把價錢要得高一些。

在戀愛期間，眼睛是最能傳遞感情的器官。當一個男人碰到自己心儀的女人時，其瞳孔在自身產生的強烈的追求欲望的刺激下會不由自主地擴張，對方也會心照不宣地讀懂這一訊號。尤其在燈光朦朧、光線昏暗的地方，瞳孔會加速擴張，從而讓相遇的兩個人互相產生吸引力，成就羅曼蒂克的愛情。

另外，在恐怖、緊張、刺激、憤怒、疼痛等狀態下，瞳孔都會擴大；而在厭惡、疲倦、煩惱時則會收縮得很小，呈現出一種「雷射式的眼神」。如果瞳孔沒有變化，就表示他對所看到的人或事漠不關心或者感到無聊。

看來，在跟別人交流想法或者談判時，好好看著對方的瞳孔是極其必要的，因為瞳孔會把他們心中最真實的感受告訴你。

眼皮形狀與你的愛情線索

在關於眼睛的討論中，眼皮的重要性通常被忽視了。實際上，眼皮的張合程度同樣能夠反映出人的精神狀態。

◎眼皮低垂

低垂的眼皮可能代表很多含義，所以請根據具體場景來準確判斷一個耷拉著眼皮的人是感覺到疲勞、厭煩、沮喪、懶散，還是在調情。

◎努力抬起眼皮以睜大眼睛

通常表明一個人對某事物非常感興趣。如果眼睛睜得太大，就意味著他可能很驚訝或者很害怕。

◎斜視

如果一個人斜視，但並不是因為強光的刺激，那就說明他可能在醞釀著要說什麼，或者表示不確定。如果一個人在斜視時滿面笑容，就說明這個人感到非常高興。

除此之外，眼皮還被認為是最能反映一個人情慾的部位，眼皮的形狀可以透露出一個人對愛情的心理：

◎兩眼都是單眼皮的人

性格大多內向、孤僻、敏感，自尊心強，意志堅定，刻苦踏實。對感情的表達方式含蓄內斂，即使眼前站的就是平日欣賞或喜歡的人，也會盡可能保持鎮定，不露痕跡。在公司靠扎實的專業知識能夠平步青雲，在家庭方面比較保守，一旦有外遇，其行跡馬上就會洩露出來。

◎兩眼都是雙眼皮的人

開朗熱誠，感情豐富，別人做出一些貼心的舉動或噓寒問暖，尤其是來自異性的，他們就非常容易受感動，因而往往抵擋不了異性的誘惑。不管在工作場合還是在其他社交聚會中，他們總是最受歡迎。屬忠厚老實型，家庭生活幸福美滿。

◎左右眼皮一單一雙的人

這類人通常不會輕易表露自己的真實心意，在工作或人際交往中時有抱怨，常發牢騷。有這種眼皮的人對愛情的忠誠度不高，喜歡追求變化或刺激，具有拈花惹草的特質，在性方面比較開放，經常來者不拒。

鼻子如何傳遞內心的情緒波動

在透過臉部表情和五官解讀他人的內心活動時，你可能沒有把鼻子當作極富情感表現力的部位，因為它所傳遞的資訊遠遠不如眼睛和嘴豐富，但它確實也能夠為我們提供若干身體語言資訊。

◎鼻孔鼓起表示受挫或生氣

當一個人的鼻孔鼓起時，說明馬上會有一場爭執發生。因為心理學家普遍認為，當人們受挫或生氣時，呼吸往往會變得急促，而鼻孔變大正是身體吸入更多氧氣的方式，這就預示著他在準備一場對抗。

動物也是如此。德克薩斯州的一位牧場主曾告訴我們，一頭生氣的公牛在衝向你之前，鼻孔會變大，且會呼嚕呼嚕地大聲從鼻孔噴氣。這是一個嚴重警告，你必須認真對待。

◎鼻子緊皺表示厭惡

緊皺的鼻子通常表示厭惡（從輕微的不滿到極度厭惡），似乎是聞到了一種特別糟糕的氣味。

把常見的表示厭惡的行為描述成「嗤之以鼻」最恰當不過了。這個舉動清楚地傳達了一個人的討厭和反對之意。看到不喜歡的食物，連嬰兒都會本能地把頭移開，似乎在躲避那種令他討厭的味道，而成年人則會盡量把頭向後仰。

◎捏鼻梁是深思的動作

如果一個人用手捏自己的鼻梁，則往往說明這個人正在關注並深思自己所要做的決策。一個正經歷著內心激烈掙扎的人，會把頭放得很低，同時用手捏鼻梁，以檢測自己是真的處於困境之中，還是只是個噩夢而已。

商界人士常用這種姿態表達其正在陷入決策困境之中，一副「要我回答真是為難」的樣子。當一個人這樣做時，我們最好保持安靜，等著他對正在討論的事情提出異議。要讓他明白，我們認同他的感受，不會給他任何壓力來促使他趕快從思考中脫離出來，並且會耐心地等他說出自己的疑問。

在大多數情況下，人們出現捏鼻梁動作的同時，還會閉上眼睛，這種姿勢代表著一個人內心的強烈質疑。美國「談判之父」傑拉德·尼倫伯格（Gerard Irwin Nierenberg）在其著作《白宮智囊的讀心術》（*How to Read a Person Like a Book*）中寫道：

一位參加我們研討會的律師在一篇報告中談到，他認識一位法官，總是喜歡用這種姿態表達自己對案件的想法和感覺。如果法官相信被告有罪，他就不會做出這種手勢；如果法官相信被告是無辜的，他就會做出這種手勢，並且有時候還會閉上眼睛幾分鐘，內心掙扎著，考慮如何判定被告的罪狀。

鼻子的表情雖然非常少，但由於它位於整個面部的正中，所以仍可以提供一定的性格特質的線索，尤其是有些人想方設法掩飾的那些特質。

財運是否藏在鼻子的特徵裡？

從面相學的角度而言，鼻子的重要性通常不輸眉眼，「財帛宮」指的就是鼻子，代表人一生的財運及事業，有一個「好鼻子」就意味著有一個「黃金」的未來。

《神相全編》中記載：「鼻乃財星，位居土宿。截筒懸膽，千倉萬箱。聳直豐隆，一生財旺富貴。中正不偏，須知永遠滔滔。鷹嘴尖峰（鼻尖削如鉤），破財貧寒。」下面是關於鼻子的一些說法，可作參考。

◎鼻梁挺、鼻頭圓的人

鼻梁挺直、鼻頭圓而多肉為鼻部完美者。因為鼻頭有肉代表心地善良和財運不俗，衣、食、住皆充裕。這類人從不刻意追求富貴，但富貴就在命中。另外，鼻梁左彎者喜好投資，想不勞而獲；而鼻梁右彎者較小氣。

◎鼻梁低鼻頭尖的人

鼻子窄小、鼻梁低、鼻頭尖且肉薄而陷的人，內心險惡，常靠偷搶拐騙得財。此類人通常身體狀況不佳，財運較差，做事情易受阻滯、反覆且困難，婚姻易失敗。若為女人，則其丈夫必定其貌不揚，或沒有「旺夫運」。

◎鼻梁扁平的人

鼻梁扁平，好像沒有鼻子似的，這類人只適宜安分守己，樂天知命。因為他們財運欠佳，只能承受小量的金錢，錢一旦多起來，就會引起身體上的毛病或是別人的覬覦，反而令其精神不安。此外，他們也太容易相信別人，金錢容易被人騙走。

◎鼻梁不正的人

看一個人心正與否，可從鼻子著眼，鼻子端正是很重要的。如果鼻梁不正，有錢在手，就會產生歪念。

◎鼻孔仰露的人

鼻孔朝天的人，財來財去不聚財。這類人中的大多數不易守財，花錢較浪費，不知節制，通常只懂得用錢而不會賺錢，並且自己還覺得沒什麼大不了的。古代相書中說：「鼻孔朝天，家無隔夜之糧。」如果這類人染上賭博，後果就不堪設想了。

◎鼻頭低垂的人

鼻不露孔、鼻頭下垂者節儉能存錢，甚至較為吝嗇。此類人精於計算，善於理財，適於經商得財。鼻翼寬且張開有勢者，可得偏財和橫財。

◎鼻子上有紋的人

通常來說，鼻子上有橫紋的人易得暗疾且不易治療，婚姻與事業皆易失敗。而鼻子上有直紋的人，易為養子或易收他人為養子；若直紋正好在鼻頭上，則是五馬分屍紋，需注意交通外傷。

嘴角的弧度，暴露你的心緒祕密

嘴巴是唯一既能透過語言的方式，也能透過非語言的方式進行交流的身體部位。我們都知道，人體發出的語言資訊可能並沒有反映出這個人真實的想法或感受。然而，嘴巴所傳達出的非語言資訊卻相當可靠，幾乎不會誤導你。

接下來，就讓我們看看嘴巴在不說話的時候所傳達的含義吧！

◎噘嘴和噘唇

噘嘴是下唇故意突出的一個動作，它可以表示多種情緒，比如傷心、失望或沮喪等。人們在逗趣或者認真的時候也可能噘嘴，但一般偏向於表示不滿和生氣之間的過渡反應。此外，該表情還能讓人聯想到幼稚，所以要謹慎使用。當看到一個噘嘴的動作時，很多人容易變得煩躁。

噘唇一般表示一個人很生氣。實際上，有兩種不同的噘嘴姿勢被認為是「噘唇」：

一種是，當人們克制怒氣時，上下嘴唇相互擠壓在一起；另一種是，嘴唇從各個方向擠壓在一起，使得嘴巴看起來很小。不管是哪種姿勢，都表示這個人正試圖抑制自己的憤怒或嘗試著避免被他人評論。

◎舔嘴唇或咬嘴唇

通常，舔嘴唇被視為一種富有挑逗意味的性暗示。如果你正和一個男人調情，而他做出了舔嘴唇的動作，那麼不管他是有意的還是無意的，都說明他想親吻你。當然，舔嘴唇並不只是表示性暗示。如果一個人嘴唇比較乾，也會透過舔拭而使其溼潤。

當一個人咬自己的嘴唇時，通常表示他很焦慮、不舒服、沮喪或者尷尬。除此之外，咬嘴唇還表示一個人很迷茫。儘管咬嘴唇被視為一種心神不定(有時為幼稚)的表現，但很多人都有咬嘴唇的習慣，並且通常意識不到自己的這一行為。

笑容背後，是不是隱藏著不開心？

笑是一個人心情的展現，但笑的方式千差萬別，透過觀察笑的方式能辨識一個人的內心和性格。

◎嘴兩端向下，幾乎不張口的微笑

微笑時，人們的雙唇呈緊閉狀態，主要是在熟悉的環境和比較滿意的情況下才表現出來的一閃而過的笑容。經常出現這種笑容的人倔強固執，有理想抱負，不易表露內心情緒。

◎嘴角微張，露出上門牙的輕笑

人們在輕笑時，上門牙會露出來，通常還會與他人進行眼神接觸。這種笑常作為朋友、家人和頗有好感的同事或生意夥伴之間的問候。出現這種笑容的人通常想像力比較豐富，創造力很強，對生命的展望充滿活力，很有幽默感。

◎「哈哈哈」地開口大笑

大笑往往在大家都非常高興的時候才會出現。人們在大笑時，上下門牙都會露出來，且通常不會產生眼神交流，因為頭部基本處於後仰狀態。

開懷大笑的人本性是孤獨的，不拘小節，忽冷忽熱，動作乾脆俐落，絕對不會拖泥帶水。若女性經常發出這種笑，一般屬於領導型。

◎笑得全身晃動

這類人心胸開闊，很直率、很真誠。

◎看到別人笑，自己就會隨著笑起來

這類人樂觀而又開朗，比較情緒化，富有同情心，對生活的態度很積極。

◎平時少語，笑起來很誇張

這類人與陌生人交往的時候顯得不夠熱情和親切，但一旦與人真正地交往，卻會十分看重友情，並且在一定的時候，能夠為朋友兩肋插刀。

◎緊張的笑

笑時慌張，忽然停止，看看別人繼續笑便也再笑。這是自卑感的表現，缺乏自信心，笑也怕笑得不對。

◎笑時用手遮住嘴

這類人大多比較內向，而且很溫柔，不會輕易向他人（包括好友）吐露自己內心的真實想法。

◎「杜鄉的微笑」

研究者們進一步發現，人們臉上之所以會露出真心的笑容，是因為嘴角附近的顴大肌與眼睛周圍的眼輪匝肌都動作起來形成的。說得明白一點就是，這種笑容動用了兩塊肌肉，使人在笑的時候嘴角上揚，同時眼角顯現魚尾紋。

科學家說，由於這兩塊肌肉不受意志控制，完全騙不了人，是發自內心的真實的微笑，能令人由衷地感到快樂。為紀念發現它的法國人吉拉姆・杜鄉（Guillaume Duchenne），這種微笑又稱為「杜鄉的微笑（Duchenne Smile）」。

◎「長方形微笑」

伯明翰大學心理學教授曾提出了關於表情的一個專業術語——「長方形微笑」。當人們發出「長方形微笑」時，嘴唇會從上下牙齒處拉開，形成一個長方形。事實上，「長方形微笑」並不是伴隨著輕鬆快樂的心情而表現出的真笑，甚至可以認為是一種痛苦的表情。

當我們情緒低落的時候，很難假造出真正的笑容。舉個典型的例子，如果你不開心，你就不可能同時動用顴大肌和眼輪匝肌兩塊肌肉，展開燦爛的笑顏（真笑），但鑑於當時的特殊情況，你又不得不出於禮貌，強迫自己擠出笑容，於是假笑就出現了。

假笑，不是發自內心的，它僅僅動用了使嘴角上揚的顴大肌，即所謂的「皮笑肉不笑」。

美國匹茲堡大學心理學教授傑佛瑞．寇恩正在研究監測嫌疑犯接受審問時面部肌肉變化的機器。「我們可以說出每塊肌肉動了多少次，它們停留多長時間才變化的，受試者的表現是真實的還是偽裝的。」他解釋說。

不過，你不需要考恩的機器也可以發現撒謊的男友或者心虛的小女孩，因為說謊者虛偽的微笑在幾秒鐘內就能戳穿他們的謊言。「真正的微笑是均勻的，面部的兩邊是對稱的。它來得快，但消失得慢。它牽扯了從鼻子到嘴角的皺紋，以及眼睛周圍的笑紋。」寇恩說，「偽裝的笑容來得比較慢，而且有些輕微的不平衡，當一側不是太真實時，另一側卻想做出積極的反應。假笑時眼部肌肉沒有被充分調動，這就是為什麼電影中的『惡人』冰冷、惡毒的笑容永遠到不了他的眼部。」

科學家經過多年研究發現，使人變得更加快樂的關鍵在於人際關係，而真心的微笑有助於人與人之間更好地相處，所以非常重要。

突出的下巴，代表什麼樣的反抗意圖？

傳統面相學認為，下巴代表一個人的晚年財運，是蓄財的地方。下巴方圓且兜起者表示晚年有錢有房，而下巴過於窄小的人意喻著錢財沒地方存放，四處流散，到晚年時不會有多少財富。若一個人的下巴凹陷、細小而內收，這樣的人有錢也無福享受，主要原因是他不懂得運用金錢，金錢只會帶給他病痛和苦惱。

雖然下巴看起來像是反應比較遲鈍的臉部部位，但卻能夠幫助你更深入地了解一個人的想法和感受。比如：突出下巴意味著反抗。當小孩子不想理會父母的建議時，通常會突出自己的下巴。

用手抓撫下巴，似乎在說「很好，讓我考慮一下」的姿態，似乎是遍行於全世界的，也是人們在進行決策過程中常做出的姿態之一，這種姿態意味著明智的人正在作判斷。

在舞臺上，尤其是在莎士比亞戲劇中，大部分演員會常常做出這個姿態，同時搭配一些語言來表現正在仔細地研判或分析問題。在觀看棋賽時，我們往往也會看到比賽者在需要走下一步時會做出這個姿態。在決策已定之後，搔鬍子、摸下巴的動作就會停止。

與該姿態相呼應的比較常見的臉部表情是：眼睛微斜，好像要從長遠考慮，看看問題的最佳答案是什麼。

有的時候，摸弄下巴、臉頰等動作，還代表著內心不安、恐懼等。美國前總統尼克森捲入水門事件後，在一次接受記者採訪時，出現了摸弄下巴、臉頰等動作。而在水門事件爆發前，尼克森從未有過這種動作。美國著名作家費斯特據此認為，尼克森這次肯定脫不了關係。

摸自己身體這種「自我接觸」，在心理學上可以解釋為「自我安慰」。自我接觸的基本意義多為內心不安、緊張加劇、恐懼等。人在精神上受到傷害或產生緊張情緒時，便會不由自主地做出種種舉動，觸碰自己的身體，如摸、抓、捏等。尼克森的自我接觸，就是由於證據確鑿，不自覺地將其恐懼心理流露了出來。

第三章　手足之道——肢體動作洩露心理真相

美國心理學家艾伯特・麥拉賓曾經提出一個非常著名的公式：「資訊的全部表達＝百分之七的語調＋百分之三十八的聲音＋百分之五十五的肢體語言。」這百分之五十五足以讓一個懂得「肢體讀心術」的人，在別人欲言又止或沉默不語時看透他真正想表達的意思。

雙手合十，真心話大公開

一個人的內心世界不只是從臉部表現出來，當人們努力抑制臉部表情的變化時，身體的其他部位也會在無意中洩漏真情。雙手是除臉部之外活動最頻繁的身體部位，也是我們人類擁有的最實用的身體部位。一個人用他的雙手做了什麼，能夠告訴我們相當多的關於這個人的想法和感受方面的資訊。並且在手語中，雙手能夠像語言一樣傳達無盡的資訊。

把雙手合在一起，是我們經常做出的一種手部動作。這種動作常見的具體姿勢及相應的心理活動揭示如下：

◎雙手擺成尖塔狀，表示自信

把兩手指尖合起來，相互對應接觸，形成一種「教堂尖塔」的手勢，常用來表示信心，有時也被視為一種裝模作樣、自大或驕傲的動作。

大多數時候，人們將雙手擺成尖塔狀是無意識的。但是，也有人故意透過該手勢強調他們強烈的安全感和絕對的自信心。

例如，有人提出這樣一條建議：商務人員在談判過程中給出最終報價之後，可以做出這一手勢。按照建議，一個人在開出最終報價後，靠坐在椅子上，微笑著將手指擺成了尖塔狀。這個時候，他的客戶頻頻看他，過了很長時間，堅定地說道：「成交！」在談判過程中，該手勢好像有一種魔力，能輕易地將他人征服。

在《白宮智囊的讀心術》中，另一名作者亨利・卡萊羅（Henry H. Calero）曾提到一件關於尖塔狀手勢的趣聞逸事：

史蒂夫・麥昆（Steve McQueen）是美國一位著名的電影演員，人們替他取了個綽號叫「酷王」。他出演過很多熱門電影，包括經典電影《第三集中營》（*The Great Escape*）。

有一次，卡萊羅坐在飛機的頭等艙，發現自己的鄰座竟然是麥昆，於是他們開始交談起來。在談到麥昆在《龍蛇爭霸》（*The Cincinnati Kid*）中扮演的那個撲克牌玩家時，卡萊羅認為，麥昆的表演並不出色。

「酷王」聽到這裡，將手臂交叉起來，用他敏銳的藍色眼睛盯著卡萊羅，並略帶怒氣地問道：「你什麼意思？」

卡萊羅解釋說，在該電影的一個重要場景中，麥昆扮演的撲克牌玩家在無意中向對手展示了一個勝利的手勢，即他在下賭注之後，將手擺成了尖塔狀。

麥昆點點頭。卡萊羅進一步解釋，凡是穩重的職業玩家都從來不會做出這種手勢，除非他在虛張聲勢，但麥昆扮演的角色顯然不是這個意思。所以說，這是麥昆犯的一個非語言手勢錯誤。

聽完卡萊羅的解釋後，麥昆迅速放下交叉的手臂，打了一個響指，並告訴卡萊羅，其他人對他飾演的這個角色有過相同的評價，但是他們無法給出理由，只是能「感覺到」。

麥昆緊緊握住卡萊羅的手，對他的建議深表感謝。在接下來的飛行時間裡，他們相處得很愉快。

人們在講話或聆聽時，偶爾也會擺出這個手勢，但雙手位置可能稍微高一點或低一點。

有些不經常使用尖塔狀手勢的人在偶爾使用時，往往把雙手位置舉得非常高，幾乎是透過自己的手指縫看人。這種行為一般會讓人感到不自在。如果你要跟這樣的人談下去，必須學會自我控制。而較低的尖塔狀手勢在女性中最為常見。

除此之外，還有一種優雅的尖塔狀手勢，即雙手緊緊握在一起，其中一隻手將另一隻已握成拳頭狀的手包裹起來。

一般情況下，這種表示自信的、優雅的尖塔狀手勢在生意場中最為常見。不過，有些公司職員、律師、醫生，尤其是就自己喜歡的課題發表演講的教授，都會擺出這一姿勢，似乎表示他們非常滿意自己現在的職位。

我們還發現，大多數人的行為都是無意識的。在有的情況下，談判中處於弱勢的一方偶爾將雙手擺成尖塔狀，會給強勢的一方留下這樣的印象：擺出這種手勢的人深藏不露，知道的要比所說的多，因此會立刻轉變話題。

在此建議各位，如果下次談判時你的觀點沒有自己想像中那麼富有說服力，不妨做出尖塔狀手勢，然後保持沉默，等待對方的反應。

◎兩手相搓，往往心有所期

或許我們每個人都曾無言地表達過自己對某種東西的期待。比如：人們在參加某項活動之前，會揉搓雙手，就像洗手一樣。除非是天氣寒冷雙手冰涼，需要靠摩擦取暖，否則就是以非語言的方式傳達出自己對這項活動十分感興趣。賭徒在擲骰子之前，總是喜歡把骰子放在兩手之間搓一搓，然後再擲出，或許就是這個原因吧！

當小孩子看見媽媽搭乘的旅行大巴停下時，會高興得摩拳擦掌，一副期待姿態，急欲看看媽媽的旅行包裡裝的是什麼好吃的。年過花甲的公司主管在得知公司剛剛承接了一筆大買賣之後，也會做出這一手勢。

在許多大城市，保全、侍者及其他服務行業的員工一般都會採取各種期待的姿勢來傳達自己希望得到小費的想法。比如：把口袋裡的硬幣弄得叮噹作響，或是擺出一副手掌放到身後、向上攤開的「古埃及雕像」的姿勢。

通常，口頭上的言語停頓是期待姿態中極為重要的一部分。比如，侍者會說：「祝您今天愉快，並希望您對我們的服務感到滿意。」然後停下來，等待顧客有所表示。如果顧客沒有明白侍者索要小費的暗示，他會接著說：「先生，讓我幫您看看是否為您預留了更好的桌子。」如果顧客一再忽略這種暗示，得到的服務就會大打折扣了。

◎十指交叉緊握的人，很難使別人信服

我們可以想像一下，一個人挺直身軀，端坐在會議桌旁，將雙臂放在桌子上，兩手十指交叉緊握，言辭很委婉地說道：「我一向持開明的態度，真誠地希望能夠解決問題。」無疑，在座的人會有意或無意地觀察到他言行的不一致。

因為攤開的手掌表示坦白和真誠，而緊握的拳頭正好相反。像他這樣以欺騙他人的方式欲得到自己想要的結果，最終很有可能會適得其反，而引起他人的敵意和攻擊。

如果一個人面臨壓力，並感到有必要採取防禦措施，也會將兩手十指交叉緊握在一起，表示他正試圖抑制自己強烈的情緒——一般是不滿或憤怒。

◎雙手交握，說明這個人很緊張、很不安

如果一個人將自己的雙手交握在一起，換言之，就是雙手緊緊絞在一起，通常說明這個人很焦慮。

討論會上眾人注目的焦點人物常採取這種姿勢，尤其是他被要求回答一連串棘手的問題時，更會採取這種姿勢。在加利福尼亞州的一次競選活動中，選票器突然出故障了，負責人在向選民解釋這次故障時，被拍下了照片。事後發現，那位負責人當時採取的正是雙手交握的姿勢。

如果你的交談對象雙手緊握，就意味著他精神緊張而難以接近，你最好設法使其放鬆。使他放鬆的一種很有效的方法是，你略微傾身靠向他。

例如：在上司和下屬的談話中，下屬常會對上司的態度心存疑慮。如果上司坐在大大的辦公桌後面，從眼鏡上方看人，那麼坐在離辦公桌不遠的沙發上的下屬必定會緊絞著雙手。但是，只要上司起身，靠近下屬所坐的位置坐下，略微傾身向對方表示信任，下屬的雙手便會立刻分開，表現出一種自信的態度。

手分開時，是否洩漏內心祕密？

上述我們討論的都是雙手合在一起時的不同姿勢，其實，當雙手分開時，做出不同的動作，亦有不同的含義。

◎攤開雙手，表示坦誠相見和真誠相待

人們往往會透過將攤開的雙手放在胸前、手掌向上，來表示自己的開誠布公。有時，人們在做此動作時還會加一句：「我沒有什麼好隱瞞的。」演員常常用到這個姿勢，不只是表現情緒，也能顯示這個角色的開放個性。

當小孩子為自己完成的某件事感到自豪時，便會坦率地將手顯露出來；但是，當他們感到內疚或對某件事不確定時，就會將手藏在口袋中或背後。

如其他態度一樣，開放的態度也會鼓舞其他人產生類似的感覺。英國生物學家查爾斯．達爾文注意到，當動物表示順服之意（坦誠的一種表現形式）時，牠們會向敵人仰臥，四腳朝上，露出柔軟的腹部和喉嚨。他提到，在這種情況下，即使是懷有極大敵意的動物，也不會趁機向投降者下手。

有一位精通動物習性和溝通過程的比較心理學家，曾與一隻野狼做過這樣一個實驗：當這隻凶猛的狼張牙舞爪地咆哮時，他躺在地上，露出喉嚨。結果那隻狼溫柔地撫吻了他，用牙齒輕輕地碰觸他的喉嚨，但並沒有傷害他。

◎雙手放在胸前，表示贊同

這是一個常見的、代表性的認可姿勢，表示贊同對方所說的話或所做的事。

幾個世紀以來，人們一直把手放在胸前表示自己的忠貞、正直和誠實。美國人對國旗表示忠誠時，也是採用類似的姿勢。實際上，這一姿勢可以追溯到古羅馬時代，古羅馬軍隊表示忠誠和認可的敬禮方式即為：一隻手放在胸前，另一隻手指向受禮的人。

我們必須留意，除了正式場合之外，婦女很少用這種姿勢來表達忠誠。她們把一隻手或兩隻手擱在胸前，通常是一種保護或興奮的姿勢，說明受到了突然的驚嚇或感到莫大的驚喜。

◎雙手叉腰，表示準備就緒

我們能夠輕易辨別出的一個典型的表示準備就緒的姿勢是「雙手叉腰」。通常我們會看到，一個過分自信的人在隨時準備接受任務時，會以這樣的姿勢站立（無論男女老少，都會採取這種姿勢，女性往往更偏向於將一隻手叉在腰上）。

在各種體育比賽中，我們常常看到準備上場的運動員會做出雙手叉腰的姿勢。在商業會議中，如果有人雙腿分立、雙手叉腰站在那裡，通常意味著他要很認真地發表一些觀點。

此外，小孩子在挑戰父母的權威時，也會將雙手叉在髖部。有些男人在以手叉腰的同時，偶爾還會伴隨一個拉高褲腿的動作。

意志堅定的人在做出雙手叉腰的動作時，雙腿分立的距離一般比平時寬。這些姿態強調了他的決心，以及他對自己的一言一行或計畫的承諾。

◎用手抓撓頸背，表示挫敗

傳達挫敗含義的姿勢通常很容易被人察覺。你若是不信，就打開電視看一場橄欖球賽，肯定能看到不少沮喪的面孔。比如：在一場比賽中，後衛閃過對手，將球傳給前面的隊友，結果那個隊友失誤了，球滑過隊友的手，落到了對方球員的腳下。這時，那個失誤的球員最常出現的動作就是，憤恨地用腳踢地面，用力拍頭盔。

如果你正在觀看的是一場棒球比賽，擊球手因揮棒失誤而導致三次出局，你就會看到他憤怒地亂扔球棒，用手抓撓頸背，然後踢起塵土（或任何腳邊可踢的東西），埋著頭慢慢走向休息處。

非棒球運動員可能不會亂扔球拍以表示自己的惱恨、懊悔，但他們會做出和棒球運動員相類似的抓撓頸背和低頭的動作。猛擊桌子、折斷鉛筆、跺腳以及其他行為，與用腳踢土、扔球拍等表達著同樣的含義。

在談生意時，如果你已經清楚地說明了自己的來意或擺明了自己的觀點，但對方卻不置可否，不知道是拒絕還是應允，按照戴爾瑪的經驗，這時候就要注意對方手部的微小動作。

手部放鬆；手掌張開，將手攤開放在桌子上；清除桌上的障礙物；撫摸下巴——這些都是表示肯定態度的動作。

如果對方內心持否定態度，雖然表面上他會裝出感興趣的神色，但其手部動作卻會洩漏內心的祕密。當對方出現下列手部動作時，很可能表示他「不高興」、「不想聽你說話」或「不答應」：

握緊拳頭；雙手放在大腿上且拇指相向；雙手交叉放在頭部後面；手指按在額頭正中央，在與你交談時，不時把玩桌上的東西；打開抽屜又關上，好像在找東西；用手指連續敲桌子。

◎雙手握成拳頭，表示決心、憤怒

一位心理學博士的報告中指出，雙手握成拳頭的姿勢常在雙方都無意識的情況下傳遞了資訊。比如：一個人只要將雙手緊握成拳頭來強調自己的言論，就能影響對方的反應。這在群情激昂的演講中比較常見。

有些人會明目張膽地舉起自己緊握的拳頭，在空中揮舞，就表現了一種強烈的情緒，如強烈反對。而有些人則會下意識地把握成拳頭的雙手插在口袋中，或藏在腋下，用以隱藏自己的情緒。

艾美．柯蒂（Amy Cuddy）在其著作《姿勢決定你是誰》(*Presence: Bringing Your Boldest Self to Your Biggest Challenges*)中指出，雙手握成拳頭表示特別強調、嚴正宣

告、堅定決心或堅定不移。

在《人與動物的情感表達》(*The Expression of the Emotions in Man and Animals*) 一書中，作者查爾斯．達爾文也談到，雙手握成拳頭代表決心、憤怒，在大部分情況下是一種含有敵意的動作。他還注意到，當一個人緊握拳頭時，會使得其他人也握緊拳頭，尤其是這種情形發生在一場激烈的爭吵中時，很有可能會引來一場真正拳頭相向的肉搏戰。

原始民族常以握拳表示挑戰，而美洲印第安人在戰舞中也多有握拳動作。現在，這種姿勢已被廣泛地運用於政界，以表示一種確定的言辭。

可以說，一個人內心激盪的思考活動、意識活動和無意識活動，都會透過手部的活動顯露出來。所以，在解讀內心需求時，我們不妨關注對方的手部動作，以此觀察對方的內心世界。

握手的方式，如何影響第一印象？

握手動作是從古代的一種手勢——古代人在見面時會將雙手舉起來，示意自己沒有攜帶武器——演變而來的。在羅馬帝國時代，人們見面後並不握手，而是抓住對方的前臂表示問候。在現代，握手已成為人們在社交中最常用的一種見面禮和告別禮。

其實，握手的方式、力度等都能夠表達出握手者對對方的不同禮遇和態度，顯露出握手者的個性，同時還可以了解對方的個性，贏得說話的主動權。

握手方式最能反映一個人的個性

握手的動作雖然簡單，但每個人握手的方式卻不盡相同。美國心理學家伊蓮．福克斯（Elaine Fox）透過調查研究得出：一個人與他人握手時所採用的方式最能反映出他的個性和態度。

◎標準式的握手

也稱平等式的握手，其具體表現為：雙方手心向左，握住對方。握手的同時，雙方的眼神交流控制在三次以內。這是一種單純的、禮節性的表達友好的握手方式。為了進一步表達自己友善真誠的態度，握手時請注意保持微笑。

◎雙握式的握手

也稱美國政客式的握手，其具體表現為：先用右手握住對方的右手，再以左手輕輕放在相握的兩隻手上面。在與他人握手時，習慣雙手握持對方的人大多熱誠真摯，心地善良，誠實可靠，對朋友最能推心置腹，喜怒形於色而愛憎分明。

◎支配式的握手

也稱控制式的握手，其具體表現為：掌心向下或向左下的方向將手伸出去，這樣對方為了迎合他，只能將自己的手心朝上了。人們在初次握手時，為了表現自己的優越感、主動或傲慢，通常會採取這種握手方式，意喻著自己處於支配他人的地位。

◎謙恭式的握手

也稱乞討式的握手、順從性的握手，其具體表現為：掌心向上或向左上的方向將手伸出去，而不會和對方垂直伸出的手掌對齊。有些人在握手時，為了表示自己對對方的尊重、敬仰，或者為了表示自己的謙和、平易近人，通常會下意識地採取這種握手方式，意喻著自己願意受對方支配。

◎轉換式的握手

其具體表現為：一個人利用握手時的轉換把對方的手壓在底下，自己的手最終置於上面。他會伸出自己的手，握住對方，然後將對方的手翻轉過來，這樣，對方的手掌便處於下面了。這種握手方式表達了一種簡單的非語言資訊：「我占上風了！」意味著自己爭取到了雙方交流的主動權。

◎拉手式的握手

其具體表現為：一個人用自己的雙手溫柔地拉起對方的雙手，通常是以自己的右手拉起對方的左手，同時以自己的左手拉起對方的右手。在危難之中，人們一般不會透過握手表達自己真摯的感情，而是會溫柔地拉起對方的雙手，利用臉部表情表達他們深深的同情，有時還會加上一個擁抱的動作。這種方式即告訴需要幫助的人，你會一直陪著他，直到他度過難關。

◎指抓式的握手

又稱為捏手指式的握手，其表現表現為：握手時，有意或無意地只用手指抓握對方的幾個手指或指尖，而掌心不與對方接觸。採取此種握手方式的人大多個性平和而敏感，情緒易激動。不過，他們心地善良且極富同情心。異性之間表示矜持、穩重；同性之間表示冷淡、生疏或地位尊貴。

◎摳手心式的握手

其具體表現為：兩手相握，但不會很快鬆開，而是慢慢滑離，手指在對方手心適當停留。此類人情感豐富，喜歡結交朋友，一旦建立友誼，就會忠誠不渝。

此外，還有一種很普遍的握手方式，即以右手握手，用左手抓住對方的前臂或肩膀。一般情況下，兩個親密的老朋友見面時，使用這樣的握手方式是可以接受的，而且雙方在握手之後，還會立刻給對方一個熱情的「熊抱」。但若不是很親密的朋友，以這樣的方式打招呼，大多數人會感到很不舒服，因為他們認為這種姿勢不夠真誠，是一種錯誤的奉承巴結。

握手力度與性格相關

在和別人握手時，握手力度很大通常表示這個人很自信，屬於掌控他人之人。但力量過大，會顯得魯莽有餘、穩重不足。另一方面還說明握手者的內心比較熱情、誠懇或有所期待。此類人大多精力充沛，自信心強，性格坦率、堅強，為人則偏於專斷獨裁，組織力及領導才能超卓，是一個天生的領袖人物。

在和別人握手時，力度適中，動作穩重，雙目緊緊地注視著對方——這種人個性堅毅，有責任感而且可靠，思維縝密，善於推理，責任感強。每當困難出現時，總是能迅速地提出建設性的意見和可行的應對方法，值得信賴。

在和別人握手時，伸出一隻無任何力度、無任何質感，不顯示任何資訊的「死魚」

般僵硬的手掌，輕輕地觸握一下對方的手，既不緊也沒有力量——這種人大多很內向，性格懦弱，缺乏魄力，冷漠無情，消極傲慢，做事缺乏果斷俐落的幹勁。

手汗與感情變化相關

根據手心是否出汗可以判斷一個人緊張與否，伴隨著恐怖和驚訝之類的感情變化，人的身體中不受意志控制的自律神經就會活動起來，引起呼吸的紊亂、血壓和脈搏的變化或者汗腺的興奮（精神性的出汗）。如果握對方的手時，感覺到對方的手掌滲著汗，就可以判定對方此時心情緊張，內心失去了平衡。

在警察局活躍一時的科學偵查老手就曾經勸警官們試用一下「詢問握手法」，就是在詢問嫌疑犯時輕輕地與對方握握手。剛開始詢問時先握一下手，然後每當觸及核心問題時，邊說「讓我們慢慢談，好嗎」之類的話，邊握對方的手。

假如嫌疑犯開始時手掌是乾的，在談話過程中漸漸變溼潤了，基本上就可以推測出此人正是罪犯。眾所周知的測謊儀，就是依靠記錄受測者汗腺的興奮情況，對其心理狀況進行科學的判斷，其原理和「詢問握手法」沒有什麼不同。

除此之外，如果有人在握手時緊抓對方的手，並且不斷上下抖動，就說明此人很熱情、很樂觀，對人生充滿希望。他們的積極熱誠也會使他們經常成為人群中的焦點人物，頗受他人愛戴、傾慕。如果在晚會上和不相識的人一個勁地握手，就說明這個人喜歡展現自己。

握手的習慣，各國都不一樣。例如：法國人喜歡在進入或離開一個房間時都握手，而德國人只握一次手……與人握手之前，最好先了解當地的習慣，學習適當的問候方式可以避免犯一些不必要的錯。

為什麼防衛心強的人喜歡抱胸？

我們的手臂非常富有表現力，能夠有效地傳達大量的資訊。在任意場景中，只要知道一個人手臂動作的幅度，就能判斷出這個人是否處於一種很自然的狀態。說話人手臂動作的幅度越小，就越能代表他不自然；手臂動作的幅度越大、越複雜，就越能說明他沉浸在自己的講述中。

◎雙臂交叉在胸前，代表防衛

相信棒球迷們對下面這一情形早已司空見慣：在棒球場上，某裁判做出一個判決，而某隊教練不服這個判決。於是，這個教練跑進比賽場，衝到裁判面前指手畫腳地表示抗議，甚至握拳相向。

那個裁判用眼睛狠狠地瞪著怒氣沖沖的教練，將雙臂交叉在胸前（橄欖球裁判除外，因為他已經身穿護胸，不能做出雙臂交叉於胸前的動作，但他會將雙手置於髖部，下巴伸向那個對他的判決有異議的人），做出一種防衛性的姿勢。假如裁判認為自己已經聽夠了，就會背對那個教練，以此表示「你的話太多了」，或者直接轉身離開。

在人類的所有姿態行為中，雙臂交叉在胸前所傳達出的牴觸心理是最容易辨識，也是最有可能影響他人行為的一個動作。根據達爾文的研究，這種姿勢似乎在世界各地都代表著一種牴觸心理。

通常情況下，女人由於上身軀幹的構造和男人不同，因此交臂的位置比男人稍低。中年婦女通常較老年婦女更常採用這種姿勢。

在談判過程中，雙臂交叉的姿勢很常見，這表示有人對某個環節不滿意。在第一時間辨識這種防衛心理，找出激發它的原因所在，然後嘗試著傳播積極的情緒，這點非常重要。很可惜的是多數人都未曾注意到，更不要說做到了。

在失敗的談判中，我們經常能看到，某方提出的報價、詢問等要求之所以沒有實現，往往就是因為對方產生了防衛心理，但這並沒有引起己方的注意，從而使其擴散開來。當談判一方的態度發生了這種變化時，會使得協議、契約或清算更加難以達成一致。

進行一場順利的談判就像在湍急的河面上行船，所有人都必須意識到湍流的存在，並對此做出積極的回應，否則就會翻船。所以，每當我們發現對方交叉起手臂時，也就是該自我檢討的時候了。因為，對方已經很明顯地表示出他打算結束這場談話了。

◎雙臂分開，雙手攤開在桌面上，表示憤怒

做出這一姿勢的人或坐或立，都強烈地表達出：「注意聽！我有話要說！」如果你沒有認清他人做出的這個姿勢和隨後即將爆發的帶有敵意、牴觸和破壞性的情緒，就可能會把場面搞得十分尷尬，更有甚者，會引發一系列嚴重的後果。

因此，不管是誰做出這個姿勢——你的小孩也好，你的員工、老闆或顧客也罷，你最好及早認清，趕快調停或保持沉默，千萬不要在對方的怒火上添油加醋，衝動地給予反擊，把他逼得情緒爆炸。但不幸的是，在現實生活中，很多人正是這麼做的。

相對手臂而言，肩膀的動作比較有限。但是，如果你仔細觀察，依然能夠透過肩膀的動作蒐集到一些資訊。

比如：當肩膀放得很低、很直且不緊繃時，說明這個人很放鬆、很自信。如果肩膀向前低垂，頭也耷拉著，則表示這個人被打敗了、不高興或者很疲勞。

聳肩的動作（肩膀升一下降一下）通常伴隨著攤開雙手和手掌朝上的動作，一副「你要我怎麼辦」的姿態。有時候，一個人在聳肩的同時雙眉也會挑起。

遮口說話一定是謊言嗎？

觀察並了解他人的姿勢是一件非常簡單的事情，然而，精確地解讀其含義卻異常困難。比如：一個人在說話時，突然以手遮口，這通常表示他無法確定自己所說的話的真實性。如果你遇到這種情況，即一個人在和你交談時，突然用手遮住自己的嘴巴，你是否認為對方在撒謊？人的本性即是如此，我們很少會考慮其他可能性。大多數人會想當然地將這一手勢認為是撒謊、不確定或試圖隱藏什麼。

或許事實的確如此，但是，在下結論之前，你不妨回想一下，他以前是否出現過這一舉動。如出現了，當時的情況是怎樣的；如沒有，再考慮一下，他可能剛做過牙科手術，或是有人告訴他，他有口臭，而他在說話過程中突然意識到了這點，因此以手遮口。總之，請一定要考慮其他的種種可能性。

雖然客觀地解讀他人的姿勢在一開始很困難，但是每天練習就會比較容易了。這就好比學習一門外語，熟了便能運用自如。

大多數外語老師會強烈建議學生多花時間去聽，多看那些說話流利的學生是如何發音的，即「沉浸式學習」。同樣的道理，只要你領會到自己所看到的肢體動作的意思，多多練習就可以了。

任何人群聚集之處，都是很好的觀察場所，比如機場、公園、購物中心等。尤其是那些允許自由表達情緒和態度的社交聚會和商業會議，最適合做徹底的研究。因為參加此類活動的人的態度非常積極，每個人都會開誠布公地盡情發表自己的觀點。

另一種磨練識人技巧的好方式是：觀看電視臺紀實報導、參與座談會或辯論賽，甚至是虛構的犯罪表演。因為在模擬表演中，演員會演示一系列廣泛的情緒和意圖。另外，訪談節目也是值得一看的，因為在看採訪時，你會下意識地觀察被採訪者是如何透過肢體動作回應採訪者提出的問題的。

當你在觀看這些節目時，先試著只看畫面了解來龍去脈，同時用筆記錄下當事人的各種臉部表情、手勢和姿勢。然後每隔五分鐘打開聲音，比較一下人物言語的表達和你根據表情姿態所推敲出來的結果是否一致，但一定要注意表情姿態的調和與連貫性。

腳尖指向，藏著人心的歸宿

在人體中越是遠離大腦的部位，其可信度越高。臉離大腦最近卻最不誠實，所以人們常常借一顰一笑來掩飾自己的真實想法。手位於人體的中間偏下，誠實度也算中等，人們也會偶爾利用它來撒謊。但是，腳位於人體的最下部，遠離大腦管控，絕對比臉、手誠實得多。它構成了人們獨特的心理洩漏——足語。

比起手部動作來說，腿部和腳部動作顯然要少些，它們的表現因此要比手單純得多。而且當一個人情緒激昂時，腳部動作反而會更貧乏，所以腳部透露的情緒資訊往往被人們所忽視。然而，正因為人們總是忘記去注意自己的腳，它所提供的資訊反而更有價值，更能反映一個人的真實內心。正如身體語言大師喬·納瓦羅所言：「臉部表情可以裝，但是很少人知道如何偽裝雙腳的動作。」

◎雙腳對著的方向，往往是一個人真心關注的方向

比如：三個男人站在一起聊天，旁邊站著一個漂亮的女孩。表面上看，三個男人在專心交談，誰也沒有理會一旁的漂亮女孩，但實際上卻不是這麼回事，因為他們每個人都有一隻腳方向對著她。也就是說，三個男人都在注意那個漂亮女孩，他們的專心致志只是一種掩飾真情的假面具。

許多針對法庭行為的研究也得出了同樣的結論：如果法官不喜歡某個證人，就會將雙腳朝向他們之前走進法庭時的大門。同樣，當你和某個人說話時，如果對方的雙腳朝向某個方向，而不是正對著你，就代表著他想盡快結束這場對話。

◎腳踝交疊，表示某人正在壓抑自己強烈的情感

當你看到某人兩隻腳踝相互交疊，你就應該注意此人是不是正在克制自己。因為人們在壓抑強烈的感覺或情感時，會情不自禁地將腳踝緊緊交疊在一起。有人開玩笑說，這種姿勢就像「急著上廁所而又不能去的樣子」。

在商場談判或其他各種社交場合中，當一個人處於緊張、惶恐的狀態時，往往會採取腳踝緊緊交疊、雙手緊抓椅子扶手的姿勢。

航空公司的空姐們非常擅長解讀乘客的肢體語言。對於那些真正需要服務卻又羞於啟齒的乘客，空姐們具有獨到的辨別本領。如果有的乘客上了飛機之後，腳踝不斷地交疊又鬆開(尤其是在飛機起飛之前)，她們就能判定這個人心裡十分緊張與不安。當她們端咖啡、茶或牛奶過來時，如果這個人的腳踝沒有分開移向椅邊，而仍緊緊交疊著，就說明他可能需要東西。

類似地，我們還發現，坐在牙醫的診療椅上接受治療的病人、躺在理髮椅裡準備刮鬍子的顧客，他們都會情不自禁地把兩隻腳踝緊緊地交疊起來，同時兩手緊抓住椅子扶手。由此我們可以判斷，處於這兩種情況下的人都在努力克制著自己的不愉快情緒。

赫赫有名的談判大師傑拉德．尼倫伯格和亨利．卡萊羅發現，在談判過程中，某人踝部交疊，通常說明他在隱藏一項重要讓步而躊躇不已。

通常，人們在工作或生活中遇到棘手的問題時，也會無意識地做出腳踝交疊的動作。當事情得到圓滿解決，一切順利進行時，他們就會不自覺地分開雙腿。

所以，有的時候，當你看不準一個人的真實意圖時，不妨留意一下此人的雙腳，讀一下他的足語，相信會別有一番收穫的。

怎麼看緊張的腿部動作？

身體哪個部位是我們觀察非語言訊號時的首選？身體哪個部位最能顯示一個人的真實意圖？FBI資深專家喬．納瓦羅告訴我們：「腿和腳。」

FBI特務傑森正在審訊室裡審訊一個和某次恐怖事件有關的知情人。他已經連續審訊了幾個小時，卻沒有任何進展。在這次冗長乏味的審訊中，嫌疑人簡直偽裝得無懈可擊，沒有向傑森發出任何有意義的訊號，而唯一有些反常的就是他不停地搖動雙腿。可是，這個可能是習慣的動作，並不能證明嫌疑人知道什麼。

就在傑森問出「恐怖襲擊發生時，你是不是就在現場？」這一關鍵問題時，嫌疑人的腿竟發生了驚人的變化。雖然他並未回答傑森的問題，但他的腿卻從左右搖動變為了上下踢動。就是這唯一的線索暗示傑森，這個問題已經對嫌疑人的情緒造成了一定的影響。於是傑森以此為突破口，繼續用更加激烈的言語套話，最終撬開了嫌疑人的嘴巴——他確實對此次恐怖襲擊事件知情。

喬．納瓦羅根據多年情報員經驗告訴我們：「一個人的腳部動作從左右輕搖轉為上下踢動時，就說明此人一定看到或聽到了令他感到消極或不高興的事件或話題。這種肢體語言的改變完全是當事人的一種自覺行為，但很多人卻意識不到。」

那麼，為什麼腿或腳能夠如此精確地反映我們情緒和心理上的變化呢？

在人類幾百萬年的演化史中，我們的腿和腳在不停地應對著來自外界的威脅，而這種應對是不需要思考的本能反應。當我們感到危險的時候，我們的腿和腳會很自然地進入備戰狀態，然後做出相應的反應，比如停下來、逃走或是踢向對方。

我們很早就開始透過「察言觀色」來讀心識人，可是狡猾的臉慢慢學會了虛張聲勢或掩蓋自己真實的情緒。仔細想想，這種欺騙的出現也合乎情理。因為很小的時候我們就被教育「這樣的表情不好看」或者「小小年紀為什麼要愁眉苦臉呢」，於是我們學會了隱藏、欺騙和撒謊。

如此看來，在「察言觀色」已經不再容易的今天，我們大可藉助肢體語言中最誠實的腿和腳來掌控整場談話的節奏。

◎轉向的腳

當嫌疑人對談話內容感到放鬆時，他的雙腳通常會朝向特務。如果他的雙腳朝向別處，那麼可能是某些事情讓他感到不安。比如：當嫌疑人不喜歡與自己交流的某位特務時，他就會把腳轉向最近的出口處。雖然他的上半身還在很認真地傾聽著特務的問話，可是他的腳已經選擇了逃離。

◎叉開的雙腿

雙腿叉開，很明顯是「捍衛領地」的行為。當一個人感到壓力、煩亂或威脅時，總是會下意識地盡量將腿叉得比其他人更寬些，以此來強調自己的領地。比如：當兩個正在談話的人陷入對峙狀態時，通常會將腿和腳叉開。這並不是為了讓自己站得更穩，而是想獲得更多的領地。

◎搓腿的動作

這是一種帶有安慰性的行為，大多會在桌子下方完成，所以很容易被人忽視。如果一個人將一隻手（或雙手）放在一隻腿（或雙腿）上，沿著大腿向下搓至膝蓋，那麼其目的並非只是為了擦乾手掌上的汗，最主要的還是為了消除緊張感。

在現實生活中，雖然腿和腳會被衣服和鞋子遮住，但它們依然是最早做出反應的身體部位，是我們獲得更多資訊的關鍵所在，所以一定要仔細觀察。

坐姿透露的是順從還是牴觸？

人們在落座時會有不同的姿勢，比如蹺二郎腿、雙腿併攏、兩腳交疊等，還會選擇不同的位置，比如面對面、並排坐等。其實，在人與人之間的關係中，怎樣坐、坐什麼位置，都反映了人的深層心理。所以，我們可以對一個人的坐姿、所坐的位置進行標記、分析，畫出一張人心的「地形圖」來。

◎淺坐與深坐

對於人類來說，立姿是最適合活動的一般狀態，所以，人們在坐下的時候會以立刻可以站起的姿勢為前提。在椅子上採取淺坐姿勢，即是其中的一個例子。

有很多人因為緊張而只敢坐在椅子邊上，這種人常常處於將要採取行動的緊急狀態中。在心理學中，這被稱為「警覺性」高。但一旦鬆懈下來，他的「警覺性」便會降低，就會坐穩在椅子裡，同時伸出雙腳，很悠閒，表示他不會立刻站起來。

我們能夠從獅子和馬身上看到這種情形：獅子凶猛強大，所以可以整天睡覺，似乎代表著一種自信；獅子喜歡捕食馬，所以馬就整天很神經質地站著，即便睡覺也是站著，但仍然逃脫不了被獅子捕食的厄運。

再看看我們人類，深坐的人在精神上占有優勢，或者是有意處於優勢地位，至少他希望自己居高臨下；而淺坐的人，心裡常感到惴惴不安，顯示出一種屈居劣勢的狀態，在潛意識中欲表現出一種恭敬和服從對方的心理。

在那種採取淺坐姿勢的人面前，你千萬不可傲慢，顯得自己太強大，因為他們內心有強烈的反抗情緒。如果你表現出對他們的友好或關心，他們一定會從心裡喜歡你，願意與你接近，這就為你以後拓展人脈奠定了基礎。

要知道，不管什麼人都是可以利用的。如果大多數人願意與你親近，這就在無形中幫你增加了一種優勢，起碼在人際關係上你已經勝了，你的工作、學業會因此而更容易成功。

◎身體挺直，兩腿交叉，表示懷疑與牴觸

有位商人在談生意時發現對方露出不快的神色，似乎不願意繼續和他談下去。為了做成這筆生意，他仍然委婉地說：「我誠心誠意地要做成這筆交易，已經把底牌都攤開給你看了。」他本以為自己的態度如此誠懇，對方肯定會答應他，殊不知對方的態度更加強硬了。因為對方已發現了他的口是心非，難以信任，最後大家不歡而散。

為什麼會出現這種意料不到的結局呢？原來是他的雙腿洩露了他內心的真實感受。在說話時，他身體挺直，兩腿交叉，這一姿勢表示懷疑與牴觸，與他所說的「誠心誠意」正好相反，對方當然不願意與他簽訂這項協議了。

在談判過程中，當談判者準備提出問題時，一般不會交叉雙腿；當問題被提出來討論或進入激烈的爭論中時，談判一方或雙方總會把雙腿交叉在一起。當談判就要達成一致協議時，如果談判雙方放下交叉的雙腿，並且向前傾斜身體，那麼達成協議的機率就會大大增加。所以，在談判過程中，要特別留意那些蹺二郎腿的人。

有些人一坐下來就會蹺起二郎腿，這代表他深懷戒心且抱有不服輸的對抗意識，充滿企圖心與自信心，而且有行動力，下定決心後會立刻行動。不過，這是男人的情

況，女人則稍有不同。敢大膽蹺起二郎腿的女人，表示她對自己的容貌或服飾頗具信心，也表示她懷有想要顯示自己的強烈欲望。因此，這種女人的自尊心很強，會刻意賣弄風姿，與異性交往較隨便，熱衷於做老闆，但要贏得其芳心或令其以身相許並非易事。

◎雙腿交叉，一隻腳不停地輕輕踢盪，表示厭倦或不耐煩

有時候，我們會變得焦躁不安或對周圍的一切失去興趣，那麼我們如何判斷出一個人在某個時候也很厭煩呢？

一個表現該情緒的代表性動作為：雙腿交叉，一隻腳蹺起且不停地前後踢蕩。通常，當一個人處於等待狀態時，比如等待飛機起飛或會議結束，就會做出這個動作。

◎一條腿搭在椅子扶手上，表達了一種敵意或漠視

坐在椅子上，滿不在乎地將一條腿搭在椅子扶手上，蹺起一隻腳。起初，我們會認為這是一個開放的、放鬆的姿勢，但很快就會發現做出這種動作的人一般都在表達他的敵意或漠視。

飛機上的乘務員深有感受，腿部跨在座位扶手上的人的要求通常非常苛刻，且很難令其滿意；業務人員也發現，以這種姿勢坐著的買家向來很難搞定。這種行為表示，一個人在無聲地宣告自己在交流或交易中的主導權和強勢地位。

◎腳置於桌子上，展示自己的「優越感」

人類學家認為，男人天生比女人更有「占領欲」。不過，男人和女人都能夠透過非語言的肢體動作來表現自己的控制權。此類姿勢之一就是，深坐在椅子裡，將一隻腳置於桌子上，一聲不響地展示出自己的「優越感」。

根據羅伯特．莫里斯（Robert Lyle Morris）的領域權理論，一個人把腳放在某個東西上，即意味著該物受其支配或為其所有。在看老一輩人留下來的相片時，你可能會經常發現主人靠著汽車的照片。直到今天，仍有許多人在拍照或在談到他們的財產時會撫摸或倚靠自己的汽車。

◎雙腿分開，跨在椅子上，表示權威和主導優勢

叉開雙腿，將椅背當作一種屏障，倒騎在椅子上，是一種表示權威和主導優勢的姿勢，所傳達出的意思與把腳擱在桌子上的姿勢極為相似。業務人員在拜訪潛在客戶時，絕不會出現這樣的坐姿，除非他不想談成這筆交易。

所以，在談判、推銷商品或社交中，要格外警惕那些倒騎椅子的人，因為這種人往往缺乏合作的誠意，對別人的需求漠不關心，甚至還會對你帶有一定的敵意。

◎林肯式坐姿，表示坦誠、愜意

把腳擱在桌子上、倒騎椅子都是透過非語言的肢體動作來表現一個人的高傲和權威，而雙腿分開端坐在椅子中，手臂放在椅子扶手上，並將衣服敞開的林肯式坐姿，即是透過非語言的肢體動作來傳達彼此平等的資訊。

林肯式坐姿是一個表示坦誠的、愜意的坐姿。當兩個人採取林肯式的開放姿勢時，意味著他們比較容易溝通，不會抵制對方，雙方都沒有傳達某種優越感的資訊。

◎「4字形」的坐姿和沮喪的坐姿

有這樣一幅漫畫，兩位鼎鼎有名的政治家面對面坐著商討時事。其中一位政治家的身體向後傾，兩手抱住後腦勺，雙腳交叉成「4字形」，即一隻腳平放在另一條腿上，腳踝正好放在膝蓋上，一副志滿意得的樣子；另一位政治家耷拉著腦袋，向前聳著肩，兩隻手臂無力地搭在雙腿上，一副無精打采的樣子。

在傑拉德．尼倫伯格和亨利．卡萊羅組織的研討會上，他們曾把這幅漫畫拿給學員們看，並問他們，畫面上的這兩位政治家誰在說話，說些什麼。大多數學員指出，那位身體往後靠的人在發言，並且他對自己所說的話很有把握。有些學員甚至回答說：「那個人很自大，很喜歡賣弄學問。」而另外一位政治家則被形容為悶悶不樂、很沮喪、愛猜疑等。

「4字形」坐姿是典型的美國人坐姿，甚至許多美國婦女在穿著長褲時也會採取這個姿勢。尼倫伯格研討會學員中的女律師也承認，在傾聽委託人的滿腹牢騷時，她總會不知不覺地採取這個姿勢，她說這種姿勢可以使自己更加專心地分析客戶的話。

◎座位的空間距離可以反映心理距離

座位與座位之間物理距離的大小，可以表現一方主觀意識上想侵犯另一方身體領域的程度。也就是說，互不相干的人，假使距離過近，就會產生不愉快或不安的感覺。所以，透過座位的物理距離可以推測出兩人的心理距離。

例如：一對以身相許、卿卿我我的情侶，即使身邊空間再大，他們也會最大限度地靠近對方的身邊坐下，這就反映了他們如膠似漆的情態。又如，在大學教室裡，想積極參與課堂討論的學生會選擇坐在教室靠前的位置上，而對於本科目不感興趣的學生則會選擇坐在後面。以此類推，同樣是一個機關的工作人員，那些積極與主管溝通的人與那些對上級懷有反感情緒的人，與上級之間選擇座位的距離就會有所不同。

辦公室位置也相當有意思。被主管賞識的人或者想討好主管的人，通常會坐在主管的兩旁或靠近的地方，以表示自己對主管的忠誠與專心；而那些主管不喜歡的人或對主管抱有不滿情緒的人，通常會坐在遠離主管的座位上或者某個角落裡。這就說明兩者心理上的距離就如同其座位間的物理距離那樣大。

◎座位的方向能看出兩個人的心理

兩個人面對面而坐或同坐一側，表現出來的性格截然不同。

面對面坐著有一種距離感，如果兩人之間隔有一張桌子或其他障礙物就會感覺比較舒服。而坐在同側的時候，彼此朝著同一個方向，注視相同的對象，在這種情況下，很容易產生某種相連感。

▩ 坐姿透露的是順從還是牴觸？

兩個人在面對面坐著時，雙方都處於觀察對方的最佳位置上，很容易產生一種對峙的感覺。所以，選擇坐在對方正面的人，是想使對方更好地了解自己。初次見面或在生意場上與對方接觸時，經常可以見到這種坐式。而選擇同坐一側的人，是想推測對方的心理。在酒店俱樂部，女侍者往往坐在客人旁邊，就是基於這一原因。

傲慢或謙虛，走姿中全都藏著答案

儘管人的腳步因地因事而異，但每個人的走路姿勢就像指紋一樣獨一無二。於是，我們就能解釋這樣一種現象：對於熟悉者，你不用眼見其人，僅憑那或急或輕或重或穩的腳步聲，就能判斷出個十之八九了。

行為學家明確指出：「一般情況下，要判斷對方的思想彈性如何，只要讓他在路上走走，就可以基本了解了。」人的心情不同，走路的姿勢也就不同；人的秉性各異，走起路來也就有不同的風采。

◎低頭走路的人沮喪

一個人在沮喪時，往往會低著頭、拖著步伐，將兩手插在口袋中走路，而很少抬頭注意自己往何處走。

◎兩手叉腰走路的人急躁

有些人走路時兩手叉腰，就像短跑運動員。他們可能是急性子的人，想以最短的途徑、最快的速度到達自己的目的地。

這種人有很強的爆發力，在準備實施下一步計畫時常常做出這樣的姿勢。這個姿勢就像用「V」代表勝利一樣，已成為這類人的特徵。

◎雙手交握在背後走路的人心事重重

一個人心事重重時，走路速度通常很慢，並且常擺出一副沉思的姿態，比如頭部稍低，雙手緊緊交握在背後。

他偶爾還會停下來思考問題，低頭踢一塊石頭，或在地上撿起一張紙看看，好像在對自己說：「不妨從其他角度來看看這件事。」這樣的人往往是碰上了難以解決的問題。

◎高抬下巴走路的人傲慢

有些人在走路的時候，下巴抬起，高昂著頭，手臂誇張地擺動，昂首闊步地向前走，步伐沉重而遲緩，似乎在處心積慮地想給人留下印象。

這種人通常很自滿，甚至傲慢。如果不想與這樣的人對抗，那麼在他們的面前最好表現得謙虛一點。

◎來回踱步的人正在思考

當一個人站起來，並在房間裡來回踱步時，通常表示他在揣摩別人剛剛說過的話。在解決困難問題或做出艱難的決定時，大多數人會出現這一舉動，因為人在站立時能更好地進行思考。

所以，當你看到某人在踱步，正處於沉思狀態時，切記保持安靜，耐心等待他開口說話。不要打擾他，因為那樣會打斷他的思緒，使他不能做出決定或提供最終報價。這也說明，有些談判者之所以沒能達成既定目標，正是因為他們無法保持冷靜。

有經驗的業務人員非常善於解讀這種「來回踱步的人」。當遇到一個正在踱步的潛在客戶時，他們通常會耐心等待。因為他們知道，這種姿勢表示客戶準備做出決定了。

◎雙手插在口袋中走路的人挑剔

習慣將雙手插在口袋中走路，即使天氣暖和時也不例外的人，往往非常挑剔，喜歡批評、貶低別人。這類人常給人一種神祕感，善於隱藏真實情緒，顯得玩世不恭。和這樣的人交流時，首先要在氣勢上壓倒他。

時不時把雙手抽出來又插進口袋裡走路的人，比較謹慎，凡事能三思而後行，但在逆境中容易心灰意冷。有時候這種做法也說明一個人很緊張。

◎走路沉穩的人務實

有些人走路從來都是不慌不忙，就算是在緊急關頭也是這樣。這種人辦事歷來求穩，「三思而後行」，比較務實。一般來說，這種人工作效率很高，說到做到。

◎走路前傾的人謙虛

有的人走路總是習慣上身前傾，而不是昂頭挺胸，看上去像彎著腰。這種人的性格大多比較溫柔內向，為人比較謙虛，一般不會張揚，很有修養。

◎走路匆忙的女人開朗

如果一個端莊秀美的女子以一種來也匆匆去也匆匆的方式走路，讓人感覺腳步零亂，那麼基本上可以斷定，她是一個性格開朗、心直口快、不留心眼的痛快人。

反之，如果一個看上去粗枝大葉的女人，走起路來卻小心翼翼，那麼這個女人一定是「外粗內細」的精明人，但人們往往會被她那豪放的外表所矇蔽。

◎走角落

喜歡走角落的人，屬於自卑型。這種人的性格大都有怪異的一面，說他無能，他又會做一件漂亮的事給你看看；說他行，他又非常謙虛；大家都說不能做某件事情，他就要去做。這類人口頭表達能力不強，儘管他們中的大多數非常聰明。但這類人的寫作能力相當不錯，寫情書當然很在行。可惜他們的情書寫得再多，也大多壓在枕頭下面。調動這種人工作積極性的唯一辦法就是表揚他們，讓他們感覺到自己還是有很多長處和優點的。

自信或自卑，站姿中一目了然

形容一個女子的美麗我們常常用「亭亭玉立」，讚美一個男子的英姿我們常常用「偉岸挺拔」。站如松，心氣正；站得歪，身無力。一身正氣的人，站得兩袖可帶清風；心懷不軌的人，站著都會暗設機關。

現實生活中，每個人的站姿是千變萬化的，如果我們細心觀察周圍人的站立姿勢，對了解其性格心理是非常有幫助的。

◎權威的站姿

雙手背在背後，一隻手抓住另一隻手的手背，身體挺直。這種站姿無論從前面看還是從後面看，都能營造出一種權威、自信的感覺。

某高管視察基層工作，他走進生產工廠，從正在專心工作的工人們身邊走過。只見他抬頭挺胸，手背在背後，後背挺得筆直，在基層主管的陪同下，慢慢地踱著步伐，從生產工廠的這頭走到那頭。

除了這位高管，我們在生活中還能見到很多擺出這種姿勢的人，比如檢閱下級部隊的高級軍官、巡視教學工作的校長等。一般情況下，居於高位的人在面對下屬時，通常會習慣性地擺出這一姿勢。這種姿勢絕對是權力和尊嚴的象徵。

◎自我克制的站姿

雙手置於背後，其中一隻手緊緊握住另一隻已握成拳頭狀的手的手腕，就像兩個腳踝緊緊相交的姿勢。當一個人處於極度緊張或極大的壓力之下時，通常會出現這一姿勢。

握住手腕的動作代表著此人內心充滿了挫敗感，他希望透過握住自己的手腕來穩定情緒，使自己保持冷靜而不發脾氣。另外，當一個人產生挫敗感時，會不由自主地收縮前胸，希望以此求得內心的安全感。

這種姿勢還展現出一個人對眼前的事物有畏懼感，極度不自信。所以，在面試時，你千萬不要做出這一姿勢，因為經驗豐富的面試官會一眼看出你內心的緊張與不安，而你不自信的樣子也難以讓他們留下好印象。

◎自信的站姿和不自信的站姿

自信的站姿通常表現為雙腳同時穩定地支撐著自己的整個身體，雙腿伸直，但是腿部肌肉是放鬆的，膝蓋並不像點名集隊時那樣不自然地繃直。雙腳的位置並非完全平行，而是腳尖略微朝向外側。

在這種情況下，人們通常不會頻繁地走動，更不會左右不定地來回晃動身體。有自信站姿的人大多做事雷厲風行，很有魄力。不僅如此，他們還會頻繁地用眼神進行交流，與對方對視的時間也比較長，而缺乏自信的人則正好相反。

缺乏自信、有些自卑的人，站得彎彎曲曲，總是一副低頭、彎腰、視線低的姿勢。這些人做事畏縮不前，不敢承擔風險和責任。

◎害羞的、忐忑不安的站姿

這個時候，人們往往傾向於將身體重心轉移到某一個支撐腳上，而伸出另一隻腳，腳尖可能會略微朝向內側。這種情況下，人們通常不會站著不動，而是會不停地走來走去，試圖尋找一個更好的地方。

◎靠著某物體而站

這種人通常很冷酷，有責任感和韌性，屬於獨自奮鬥型。

第四章　語言背後——解讀聲音與話語的暗號

「孬子不開口，神仙難下手。」只要對方開口說話了，就極易掌握他的性格特徵，洞察他的內心活動，了解他的學識修養，判斷他的生存狀況。

口頭禪，個性最真實的表現

在日常生活中，很多人在說話時常常在無意間大量使用某些詞語，這些詞語就是「口頭禪」。俗話說，「習慣成自然」，而這些語言習慣在某種程度上來說最能展現說話人的真實心理和個性特點。下面就介紹一些最常見的口頭禪：

◎喜歡說「我不行……」的人

這種人表面上很謙虛，其實很無能。

◎喜歡說「隨便」的人

當我們在餐廳點餐，問對方想吃什麼時，經常聽到的是「隨便」這個詞。如果雙方是偶爾見面，這有可能是客氣，如果彼此都已經很熟悉，還喜歡說「隨便」，這種人大多數性情隨和，但也代表著他在生活中比較沒有主見。

◎喜歡說「絕對」的人

心理學研究顯示，經常把「絕對」這個詞掛在嘴上的人往往比較主觀，常常以自我為中心，有自戀的傾向，而且「絕對」還可以被這些人用來作為自我防衛的藉口和被證明錯誤時的擋箭牌。比如「絕對不會再犯」、「絕對不會再這樣做了」等，初次聽到這樣的保證會讓人產生一種信任感，但時間長了就會讓人覺得他是一個言行不一的人。

◎喜歡說「我」的人

喜歡說「我」的人具有兒童或陰柔的性格，自我顯示欲也很強。常用複數的人多見於缺乏個性，埋沒於集體中，隨聲附和型的人。

◎喜歡說「我只告訴你」的人

「我只告訴你」，但其實他告訴了所有人。一般人都有這種毛病。經常說「我只告訴你」的人是很可笑的，這也是一種不成熟的表現，這種人不適合保守祕密。

◎喜歡說「我知道」的人

在和別人說話時，聽到對方多次說「我知道」，就意味著對方不願意再聽下去了，這時你最好結束談話，或者轉換話題。

◎喜歡說「所以說」的人

喜歡把「所以說」掛在嘴邊的人最大的特點是喜歡以聰明者自居，自以為是。

◎喜歡說「對啊」的人

喜歡說「對啊」的人自我意識不強烈，人際關係也不錯，但是說「對啊」並不是他們的心理話，而只是他們用來迎合別人的一種方式，暗地裡卻是在為自己的利益精打細算。

除此之外，經常連續使用「果然」的人喜歡自以為是，以自我為中心的傾向比較強烈；經常使用「其實」的人有強烈的自我表現欲望，並且多少有點自負；經常使用「這個……」、「那個……」、「啊……」的人，比較小心謹慎，不會招惹是非，是個好好先生；經常使用「最後……」的人，多半是潛在的欲望沒有得到滿足；經常使用「確實如此」的人，大多數淺薄無知，而且還自以為是；經常使用「真的」的人，多缺乏自信；經常使用「你應該……」、「你不能……」、「你必須……」的人，很專制、固執、驕橫，有強烈的領導欲望；經常使用「我個人的想法是……」、「是不是……」、「能不能……」

的人，比較和藹親切，不獨斷專行，很尊重他人，同時也會得到他人的尊重和愛戴；經常使用「我要……」、「我想……」、「我不知道……」的人，大多數想法比較單純，愛意氣用事，情緒不是很穩定。

幽默感背後的真實動機是什麼？

莎士比亞說：「幽默和風趣是智慧的閃現。」一個具有強烈幽默感的人，不僅能夠用自身的機智、自嘲、調侃和風趣給人們帶來歡樂，而且有助於消除敵意，緩解摩擦，防止矛盾激化，在成功的道路上事半功倍。

其實，每一個人都具有或強或弱的幽默感，但表達幽默的方式卻存在著差異。加拿大心理學教授羅德．馬丁說：「在社會生活中，男女使用幽默的方式也存在差異。男性更喜歡使用『惡意』笑話互相批評，以確立『優勢』地位，而女性則使用幽默以維持關係，使彼此放鬆。」

當一個人將他的幽默感表現出來時，他的性格也就顯露出來了。

◎透過幽默來打破某個僵局的人

有較強的隨機應變能力，他們中的大多數人有比較強烈的表現欲望，所做的事情希望得到他人的注意和認可。由於他們出色的表現，可能會成為受人關注的對象，這也迎合了他們想要自我表現的心理。

◎喜歡用幽默的方式來挖苦別人的人

大多數心胸比較狹窄，嫉妒心比較強，有時甚至會做一些違背良心、落井下石的事情。另外，他們的自卑心理也比較強，生活態度較消極，常常自己否定自己所做的事情。挑剔和嘲諷他人是他們的長項，他們整天思索如何算計他人，自己卻從來沒有真正地開心過。

◎善於自嘲式幽默的人

他們有比較寬闊的心胸，對他人的意見和建議能夠樂於接受，而且能夠經常地進行自我反省，尋找自身的錯誤並改正。他們通常有較好的人際關係。

◎喜歡製造一些惡作劇似的幽默的人

大多數活潑開朗、熱情大方，活得比較輕鬆，就是有壓力，自己也會想辦法緩解。他們不喜歡受到拘束，比較頑皮，愛和別人開玩笑，而他們自己則在這個過程中進行自我愉悅，同時，他們也希望能夠把這份快樂與他人分享。

◎為表現自己的幽默感而事先準備一些幽默的人

大多數比較喜歡追求一些形式化的東西，而且很重視他人對自己的態度，這種人的生活態度比較嚴肅、拘謹。

語速與音調如何揭露內心祕密？

一個人的感情和意見，在其話語裡都表現得清清楚楚，只要用心仔細揣摩，即使是那些弦外之音也能從說話的簾幕下逐漸顯露出來。

◎語速的快慢變化能曝光一個人的心理祕密

一般來說，說話速度快的人性格多外向，能言善辯，有青春活力，給人一種陽光般的感覺，但由於說話快的原因，也會給人一種緊張、壓迫的感覺，好像是發生了重大的、緊急的事情一樣，同時也會讓人覺得焦躁、混亂以及有些粗魯。

說話速度慢的人較為木訥，給人的感覺是誠實、誠懇，深思熟慮或高深莫測，但也會讓人感覺到猶豫不決、漫不經心、故弄玄虛，甚至是消極悲觀。

而對同一個人而言，情況就該另當別論了。當說話速度比平時慢時，表示有不滿的情緒，或對某人懷有敵意；相反，如果一個人有愧於心或者在說謊時，說話的速度自然而然就會快起來。遇到這種情況，我們就要特別小心，肯定是出現了什麼問題，這時應仔細觀察。

如果一個男人下班後一般都能準時回家，而某天下班後，同事們把他留下來一起在辦公室打撲克牌。回到家後，他就馬上跟老婆解釋說他今天加班了，而且邊說還邊詛咒現在為什麼有這麼多做不完的工作之類的話。這時只要仔細傾聽就會發現，他說話的語速一定會比平常快，因為這樣他才能解除內心潛在的不安。

如果懷有愛意、不安或者是恐懼情緒，說話速度也會變快，因為一般人都有藉助快速講話來表達內心愛的情感或解除內心的不安和恐懼的心理特點。

如果一個人的語速突然變慢，陷入思考，表示他已經說出了祕密。

第二次世界大戰期間，日本祕密決定由東條英機出任日本首相。各名報記者都很想探得祕密，竭力採訪那些參加會議的大臣，卻一無所獲。

有位記者就非常聰明，他研究大臣們的心理定勢：哪個人都不會說出由誰出任首相，但如果問題提得巧妙，對方就會不自覺地流露出某種跡象，這樣就有可能探得其中的祕密。於是，這位記者向一位參加會議的大臣提出了這樣一個問題：「出任首相的人是不是禿子？」

當時，競選日本首相的有三個人：一個禿子，一個滿頭白髮，一個半禿子。這個半禿子就是東條英機。這個問題看似是無意的閒談，這位大臣沒有想到其中暗藏機關。他在聽到這樣一個問題之後，神色有些猶豫，沒有直接回答問題。聰明的記者就是在這一瞬間推斷出最後的答案，獲得了獨家新聞。因為對方停下來，肯定是在想：半禿子算不算禿子？

◎從音調的抑揚頓挫中看破對方心理

在言談方式中，語言本身的音調也是重要的因素。人是友好還是敵對，是冷靜還是激動，是誠懇還是虛假，是謙虛還是傲慢，是同情還是譏笑……都可以透過音調表現出來。

一般情況下，柔和的音調表示坦率和友善，顫抖的音調表示激動，低沉的音調表示同情；不管說什麼話，如果陰陽怪氣就顯得像是冷嘲熱諷，缺乏誠意。

當我們從臉部表情、動作、言辭等都無法掌握他人的心態時，還可從話語的韻律中揣摩對方的性格。

自信的人，說話的韻律為肯定語氣；自信心不足的人或性格軟弱的人，說話的韻律為不確定語氣；不誠實的人，說話支支吾吾，這是心虛的外在表現；內心平靜的人，說話時也會心平氣和；善良溫和的人，說話時總是如小橋流水，平柔和緩，具有很強的親和力；浮躁的人，說話沒完沒了；內心清順暢達的人，言談清亮平和。

從聲音線索深入挖掘人心深處

聲音的強弱、快慢、高低、純濁，同樣能顯示出一個人異常複雜的內心情感。不僅聲音可以幫助我們觀察人、了解人，就是那些被人調弄演奏的樂器，也可以反映出演奏者的心理狀態。

下面就看看如何從一個人的聲音來判斷他的性格和心理是什麼樣的：

◎高亢尖銳的聲音

女性中發出高亢尖銳聲音的人，情緒往往起伏不定，好惡分明，會輕易說出和過去完全矛盾的話，但自己卻沒有感覺。這種人通常也會因一點小事而傷感或勃然大怒。

男性中發出高亢尖銳聲音的人，個性狂熱，既易興奮也易疲倦。這種人年輕的時候就擅長發揮個性而掌握成功之道，這也是其特徵之一。

◎溫和沉穩的聲音

這種人為人寬厚仁慈，但反應不夠敏捷果斷，屬於細心思考、長時間考慮型的人，喜歡恪守傳統，思想保守。

◎沙啞的聲音

說話時聲音沙啞的女性通常很有個性，即使外表看起來很柔弱，但性格也是很強硬的。她們不管對什麼人都親切有禮，卻不肯暴露自己的真心，讓人難以捉摸。她們可能與同性間意見不合，甚至受同性的排擠，卻很受異性的歡迎。她們對服裝的品味極佳。遇到這種類型的女人，注意千萬不要向她強行灌輸自己的觀念。

聲音沙啞的男性，往往有十足的耐力並富有行動力，即使是遇到阻礙，他也會不顧一切往前衝。這種人容易自以為是，對一些自己認為不重要的事會掉以輕心。

◎粗而沉的聲音

說話時發出粗而沉的聲音的人，不論男女都喜歡樂善好施，希望當領導者。他們是好動型的人，不喜歡靜待家中。不論男女均交友廣泛，能和各式各樣的人往來。有這種聲音的女性人緣較好，眾人比較信賴她。

◎嬌滴滴而黏膩的聲音

說話時因帶點鼻音而聲音黏膩的女性，往往虛榮心強，很希望受到大家的喜愛。有時因為希望博得他人好感做過了頭，反而招人厭惡。對於單親家庭的孩子來說，說話時帶有這種聲音則表明其內心希望得到年長者溫柔的對待。

發出這種聲音的男性，大多數是獨生子或是嬌生慣養的孩子。這種人在一個人時往往感到非常寂寞，碰到要自己做出裁斷的事情時，往往會感到迷惘、不知所措。在對待女性時他們非常含蓄，若是和女性單獨談話，這種人會顯得特別緊張。

九型人格讀懂他人的情緒與行為

俗話說：「一母生九子，九子各不同。」人與人之間有著很大的差異，並具有不同的性情。如果不去了解這些性情，結果可能會妨礙我們對人的理解。以下來著重講解九種偏狹的性情：

◎誇誇其談的人

這樣的人往往侃侃而談，宏闊高遠卻又粗枝大葉，對細節問題不怎麼關心，從不把瑣細的小事放在心上。

日本名古屋商工會議所急需聘請一位主任，於是，名鐵百貨公司社長長尾芳朗把自己的一位朋友推薦給名古屋商工會議所的主席土川元夫。

面談後，長尾問土川他的朋友怎麼樣，土川立即回答說：「你的那位朋友不是人才，難以留下。」

長尾非常吃驚，有些生氣地說：「你只和他談了二十分鐘，怎麼就知道他不是人才呢？你的判斷也太草率、太武斷了吧！」

於是，土川說：「他剛和我一見面，就滔滔不絕地說個沒完，我根本就沒有說話的機會。當我說話的時候，他卻左顧右盼，似聽非聽，滿不在乎，這是我說他不是人才的第一個原因。其次，他非常喜歡吹噓自己的人事背景，一會兒說某某達官貴人是他的好朋友，一會兒又說某位名人是他的酒友，並向我炫耀，好讓我知道他也不是等閒之輩。第三，我想知道他有關管理方面的方法，他卻又說不出來。這種人是人才嗎？」

聽完土川的話後，長尾頻頻點頭，認為土川的話非常有道理。

◎巧言令色的人

在現實生活中，有些人為了達到某種預期的目的，或是想讓自己的仕途廣闊，或是想獲取生意上的某種利益，便以花言巧語巴結、奉承，或是做出讓你覺得過分親密的事，讓你上當受騙；也有些人拉關係、套近乎，跟你沾親帶故等等。

三國時，荀攸是曹操的謀士。荀攸十三歲那年，祖父去世了。就在一家人傷心沮喪的時候，荀攸祖父昔日的下級張權跑來弔喪。

張權一走到荀攸祖父的靈柩前面，就大聲號哭，如喪考妣。張權邊哭邊表示要為故去的老太守守墓，來報答荀攸的祖父的深恩大德。

張權的表現令荀家人十分感動，於是荀家上下懷著感激的心情準備答應張權的請求。這時，始終保持冷靜的荀攸經過仔細觀察，覺得此人態度太過反常。荀攸想到祖父生前從來沒有向家人提起過這個人，可見，他與祖父並不是深交，更沒有聽說過祖父對此人有深恩。荀攸覺得一個人施之過重，必有他意，而且張權的請求過切，談吐又閃爍其詞，再者張權面帶驚憂，於是荀攸料他必有所隱瞞且很恐懼。

荀攸看出這些破綻後，忙找叔父荀衢談了自己的疑慮。果然，經過叔父的一番盤查，張權招認自己殺了人，想借為老太守守墓之名，逃脫法律的制裁。

◎喜歡揭人隱私的人

一般情況下，四五個同事聚在一起，話題總喜歡圍繞某人的隱私打轉。此時，有的人扮演的是揭露隱私的角色，有的人則扮演的是聽眾的角色。這種喜歡揭人隱私提供話題的人與聽眾，其心理到底是怎麼樣呢？

提供別人隱私的人，多半是心中對那個人懷有敵意、羨慕、自卑等情結，而喜歡聽這些的人的心態多半也是這樣，所以才會注意聽。

◎想排解欲望得不到滿足而產生的鬱悶

這種人大半是與談話的對象有矛盾，心懷不滿，才會提供這些揭露別人隱私的話題。

◎基於嫉妒的心理

這類人談論的對象，不是上司，也不是部下，而是同事，所以，這類揭露別人隱私的話題容易得到上司的賞識，並且很受異性的歡迎。這些隱私的內容多半是談論別人的私生活，目的是破壞其形象。如果聽眾也對這個人不懷好意，那麼這類人的目的就更易達成。

◎似乎什麼都懂的人

這種人有很廣泛的知識面，講起話來旁徵博引，對各種事情都能指點一二，看上去知識淵博、學問高深。但是由於腦子裡裝的東西太多，系統性差，思想性不夠，所以可能經常抓不住問題的要領。這種人往往一下子能出幾十個主意，但都說不到點子上。另外，這種人也不怎麼謙虛，有廣博的知識、閱歷、經驗，但都不深厚，屬於博而不精的人。

◎滿口新名詞、新理論的人

這種人能很快接受新事物，並能在日常生活中運用。但是這種人沒有主見，不能獨當一面，遇到困難不能單獨解決。他們總是認為是在用自己的話說話、寫文章，實際上是在無意中借用別人的話，而且只是一知半解。例如：說話時總是使用難懂的詞和外語的人，多是將這些詞語作為掩飾自己內心弱點的盾牌。

擇業時，充分顯示自己的才能是必要的，但若過分矯飾，反而畫蛇添足，讓別人如墜雲霧的效果是對自己最不利的。這種情形常常不過是反證了對自己智慧的自卑意識，將言語作為盾牌，掩飾自己的自卑感。《圍城》中的張先生在方鴻漸面前大肆賣弄自己的洋文，以顯示自己博學，實際上卻反映出其知識的貧乏。

◎喜歡標新立異的人

這種人好奇心強，敢向權威說不，喜歡向傳統挑戰，有很強的開拓性。但是不能冷靜思考，易失於偏激，這種人可做一些有開創性的事。

◎喜歡散布謠言的人

有一種人唯恐天下不亂，喜歡散布和傳播一些謠言，讓別人聽了之後忐忑不安。其實他們心地沒有很壞，這樣做只是為了引起別人的注意，滿足一下自己不甘久居人下的虛榮心。只要虛榮心獲得滿足之後，他們也就消停無事了。

◎喜歡把話題往自己身上扯的人

在現實生活中，有這樣的一類人，他們與別人交談時，不管在什麼場合，都喜歡把話題引到自己的身上，吹噓當年自己是如何奮鬥的，唯恐別人不知道他的光榮歷史，但是往往達不到自己想要的結果。其實，仔細觀察就可以發現這類人對現實不怎麼滿意。事實上他還不知道，這種自我吹噓的言談很難適應時代的變化。或許他是個道地的失敗者，完全依靠懷舊來生活。

◎喜歡把話題扯得很遠的人

在和別人談話時，有的人經常把話題扯得很遠，讓你摸不到他到底要講什麼，或者不斷地變換話題，讓別人覺得莫名其妙。話題的內容不斷變化固然是個好現象，但談得離譜，一切都顯得毫無頭緒，就會使聽眾感覺到索然無味。這種做法說明這種人有著極強的支配欲和自我表現意識，在這種人的意識中，很少有別人，喜歡我行我素，讓別人聽從他的主張，以他的意見為主導。

嘴巴會欺騙你，但身體不會

文字並不是人類最基本的表達和溝通方式，來自身體的語言才是人類最常用也是最基本的表達和溝通方式。要想了解文字之外的情緒表現，就要透過一些非語言的資訊，比如姿態、動作、表情、服飾、語調等，來辨識這些非語言的情緒，理解他人的真意，以便成功地與人交流。

如果一個人說話時，語氣很愉快，但臉上卻沒有相應的神色出現，那麼他的話就有違其真實心理；如果一個人對他想要表達的意思說不清楚，但是表面上卻露出誠懇可信的神色，那麼他說不清楚只是因為他不善於口頭表達；如果一個人話還沒說出口，看上去已經怒氣沖沖，那麼他一定是非常憤怒；如果一個人說話時吞吞吐吐，但是他憤怒的神色卻沒有被掩蓋住，那麼他是在做無奈的忍耐。

以上種種情況，已經顯示出了說話人的真實心理，這是他無法掩飾的，即使是刻意去掩飾，別人從他的神色上也能看出來。

經驗豐富的家長，很容易就可以察覺自己的孩子有沒有說謊，當孩子費盡心機編造故事情節時，他的身體和眼神早已經出賣了他。

在日常生活中，你一定有過這樣的經歷：儘管別人向你闡述了許許多多的理由和相應的論據，你對於他的話還是無法感到滿意和信服；某人向你吐了一大堆的苦水，試圖使你相信，他現在的境遇有多麼辛酸和令人悲傷——但是你還是不能相信他所說的情況；某人特意在你面前炫耀自己現在過得多麼好——但是你並不相信他；別人大聲地表示，自己對於你贈送的禮物是如何喜歡，如何滿意——但是你從他的眼神中卻看到另一種意思。

這到底是為什麼呢？別人已經向你闡述了這麼多的理由，為什麼你還是不相信他呢？真正的原因在於，他的身體向外界傳達出了完全不同的資訊，你透過他的身體語言察覺他在說謊。

在日常生活中，人與人之間的交流與溝通，以及資訊的傳遞，有百分之八十是透過身體語言而非文字語言來完成的。因此，準確地理解身體的語言十分重要。

熟悉和了解身體的語言，可以使你更加清楚明白地表達自己的意圖。在人際交流中，一方面，你要把自己的意思透過身體語言表達出來；而另一方面，需要清楚地了解別人透過身體語言所表達的資訊，並且做出回應。

了解他人的身體語言，是洞察情緒的重要方法和技巧，掌握了這種技巧，就能夠準確有效、迅速快捷地判斷出對方的情緒，並能對自己在判斷他人情緒時的失誤和教訓進行分析，累積豐富的生活經驗。

如果是和上司打交道，對其眼、手的觀察，更能夠讓我們洞悉其內心：

- 上司在說話時不抬頭，也不看人。這是輕視下屬，認為此人無能的表現。
- 上司從上往下看人。這種表現帶有一種優越感——愛支配人、高傲自負。
- 上司久久地盯住下屬看。代表他對下屬的印象尚不完整，在等待更多的資訊。
- 上司友好坦率地看著下屬，或有時對下屬眨眨眼。這是一種很好的徵兆——下屬很有能力，討他喜歡，甚至犯錯也可以得到他的原諒。
- 上司的目光銳利，表情不變，似利劍要把下屬看穿。這種表情顯示出的是權力、冷漠無情和優越感，同時也在暗示下屬：你別想欺騙我，我能看透你的心思。

■上司偶爾往上掃一眼，與下屬的目光相對後又向下看。如果上司多次這樣做，就能肯定上司對這名下屬還拿捏不準。

■在談話時上司雙手合掌，從上往下壓，身體產生平衡作用。表示和緩、平靜。

■在談話時上司雙手叉腰，肘彎向外撐。這往往是在碰到具體的權力問題時所做的姿勢。

■上司坐在椅子上，將身體往後靠，雙手放到腦後，雙肘向外撐開。這種姿勢說明此時他很輕鬆，但也有可能是自負的意思。

■在談話時上司食指伸出指向對方。這是一種赤裸裸的優越感和好勝心。

■在談話時上司雙手放在身後互握。這也是一種優越感的表現。

■在談話時上司拍拍下屬的肩膀。這說明對下屬的承認和賞識，只有從側面拍才表示真正承認和賞識；如果是從正面或上面拍，則表示小看下屬或顯示權力。

■在談話時上司手指併攏，雙手構成金字塔形狀，指尖對著前方。代表一定要駁回對方的示意。

■在談話時上司把手捏成拳頭。這種姿勢表示不僅要嚇唬別人，也要維護自己的觀點；倘用拳頭敲桌子，那乾脆就是企圖不讓別人說話。

聆聽的藝術：捕捉話語中的關鍵訊號

傾聽者是讓人無法抗拒的，因為他們富有同情心，願意分享人們的弱點，願意傾聽人們訴說不愉快的情緒。如果你想讓其他人喜歡內在的你，那麼就去做個傾聽者，千萬不要逃避。

一天，美國知名主持人阿特．林克萊特採訪一個小朋友。林克萊特問他：「你長大後想要做什麼？」

小朋友天真地回答：「我要當飛機駕駛員！」

林克萊特接著問：「如果有一天，你的飛機飛到太平洋上空，所有引擎都熄火了，你會怎麼辦？」

小朋友想了想說：「我會先告訴坐在飛機上的人，請繫好安全帶，然後我掛上我的降落傘跳出去。」

現場的觀眾笑得東倒西歪，然而，林克萊特繼續注視著這個孩子，想看他是不是個自作聰明的傢伙。

沒想到，孩子的兩行熱淚奪眶而出，林克萊特感到這孩子的悲憫之情深深地打動了他。

於是林克萊特接著問他：「你為什麼要這麼做？」

小孩的答案流露出一個孩子真摯的感情：「我要去拿燃料，我還要回來！我還要回來！」

當孩子說到「不顧別人，自己掛上降落傘跳下去」時，誰「聽」出了這個孩子的同情心呢？

作家鮑威爾曾說，我們要聆聽的是話語中的含意，而非文字。在真誠的聆聽中，我們能穿透文字，發掘對方的內心。

人們都喜歡傾聽者，尤其是富有同情心的傾聽者，他們和親密的朋友一樣重要，無論對個人還是對團體都能產生積極的作用，並且讓人們感覺到他們相當可靠、值得信賴和十分忠誠。

傾聽者會在考慮自己的需求前，先考慮他人的需求，並且會支持和幫助他人。傾聽者喜歡進入他人的心靈和頭腦，樂於分享他人深層次的感受。人們傾向於向傾聽者敞開心扉，是因為人們渴望被關懷，而且真誠的傾聽者也確實做到了這一點。佛洛伊德要算是近代最偉大的傾聽大師了。一位曾遇到過佛洛伊德的人，描述了他傾聽別人時的態度。

「那簡直太令我震驚了，我從沒有見過這麼專注的人，有這麼敏銳的靈魂洞察和凝視事情的能力。」

「他的眼光是那麼謙遜和溫和，他的聲音低柔，姿勢很少改變。但是他對我的那份專注，他表現出的喜歡我說話的態度——即使我說得不好，還是一樣。你真的無法想像，別人像這樣聽你說話所代表的意義是什麼。」

到底以何種方式聆聽，才最有利於了解對方，並與對方達成溝通、建立感情呢？心理學家建議用「同理心式傾聽」。

同理心式傾聽，就是用心聆聽另一個人的思維與心聲，這是設身處地，嘗試以他人的雙眼來探究世界的傾聽方式。在所有的傾聽方式中，這是唯一能夠真正深入他人心裡的方式，也是高EQ的表現。

傾聽者在傾聽時，往往會設身處地為傾訴者著想，提出一些看法和建議。許多傾聽者被對方的情緒所驅使，認為自己能夠解決別人的問題。

假定你的朋友和老婆發生了爭吵，並且對你講述了這一切，你自然會對此做出反應。你可能會這樣安慰他：

- 我要是處在你的位置，我也不能忍受這一切。
- 真是難以置信，我沒有想到，你夫人居然會這樣。
- 這次又跟上一次的情況一樣，你們總是爭論這種事情。
- 對此，你必須總結出自己的結論。
- 不要想不開，這一切不久就會恢復正常。

其實，你的這些反應，沒有一種是你朋友所期待的，也沒有一種建議能夠對他有實質性的幫助。有些話聽了甚至會使他感到更加生氣，而其他則多半是一些廢話。

作為傾聽者，你可能沒有覺察到，你這樣根本就不是設身處地為他著想，你的反應反而會讓他覺得，你更多的是在表現自己，而不是在關心他。

一個傾聽者應該清楚，你所表達的觀點，並不能完全解決別人的問題。你唯一能為別人做的，就是表現出理解和體諒，並用心去傾聽他的話。

在傾聽時，你可以透過一些恰當的交流和引導，讓對方在傾訴過程中，對於所面對的問題有更多的認知和了解，並且鼓勵他憑藉自己的力量，尋求解決問題的方法。

你可以在談話中採取下面的兩種方式，引導別人找到解決問題的方法：

▩ 第一，用你自己的話，重複一遍你所聽到的，例如：「你認為……」一方面，你可以藉此向他表示，你用心傾聽了他講的話；另一方面，你也給他一個機會，使他能夠再次聽到自己所說過的話，進行一些修正和補充。

▩ 第二，在談話的過程中，你應該適當地分析對方的心理狀態，可以從你的角度評價對方的感情狀態。例如：「你這樣生氣，對……」你所說的，可能正是對方自己並未意識到的事情，這樣，你就有可能說中了問題的重點，同時也使他清楚地意識到自己的問題所在。

傾聽別人的傾訴，是了解他內心情緒的最好方式，也是實現溝通的前提。只有用心去傾聽，人們才能恰如其分地投入到談話中。

在傾聽時，以下這些原則都是值得重視的：

- 自始至終目光都應該注視著說話者。
- 全神貫注於對方身上。
- 顯示出你的興趣。
- 不要讓別人分散你的注意力。
- 避免做一些容易分心的動作，比如滑手機等。
- 投入你全部的時間。
- 當別人不能馬上將一件事帶入重點時，你也是有責任的。
- 不要打斷別人的講話。
- 設身處地地想想對方的處境，嘗試設想一下，如果自己處在他的處境之中會怎樣。

- 透過你的身體語言，向他傳遞出你要傳遞出的訊號。例如用點頭的方式表示你對他的贊同和興趣。
- 不應該在整個過程中一言不發，只知道死盯著對方的眼睛，只知道一個勁兒地點頭。
- 可以在傾聽別人訴說的時候喝一杯咖啡。

以上這些所謂的原則，只是一些可以用來參照的依據，而不是必須做到的行為準則。因為每一種談話的方式，都要求不同的傾聽行為。

察言觀色，學會讀懂細節中的心理語言

有一個舉人經過艱難的科考，又參加候選，才得了一個山東某縣縣令的官位。到任的第二天，他便去拜見上司，但想不出該說些什麼話。沉默片刻，他忽然問道：「大人尊姓？」這位上司大吃一驚，勉強說了姓氏。

縣令又沒有話說了，低頭想了很久，說：「大人的姓，百家姓中沒有。」

上司更加奇怪，說：「貴縣不知道我是旗人嗎？」

縣令又站起來問：「大人所屬哪一旗？」

上司說：「正紅旗。」

縣令說：「正黃旗最好，大人為什麼不在正黃旗呢？」

上司勃然大怒，吼道：「貴縣是哪一省人？」

縣令回答說：「廣西。」

上司說：「廣東最好，貴縣怎麼不在廣東呢？」

縣令吃了一驚，這時才發現上司滿臉都是怒氣，趕快退了出去。第二天，上司便命令他回廣西，任學校教職。究其原因，就是一句話——不會察言觀色。

在交際中我們如能察言觀色，隨機應變，也是一種本領。在拜訪中主人一面跟你說話，一面眼睛往別處看，同時旁邊有人在小聲講話——這說明他正要辦理什麼重要的事，被你的來訪打斷了，但心裡一直還惦記著這件事。雖然他的人在接待你，心卻是不在這裡。這時你最明智的做法是打住，請求告辭：「您一定很忙，我就不打擾了，過一兩天我再來聽回音吧！」

你這時走了，主人在心裡對你既有感激之情，也有內疚——因為自己的事，沒好好接待你。這樣，他會更加努力地完成你的託付，以此來彌補報答你。

在交談的時候，如果主人家的門鈴或電話鈴突然響起來了，你應該主動中止交談，讓主人先接待來人，或者接聽電話，不能繼續滔滔不絕地說下去，使主人左右為難。

當你再次詢問所託之事是否已經辦妥時，卻發現儘管主人費心不少，但所託之事並沒圓滿完成，甚至進度很慢。這時你難免會發急，可是你要克制住，應該將到了嘴邊的催促變為感謝，充分肯定主人為你所託的事付出了很大的努力，然後再告之目前的處境，以求得理解和同情。這時，主人就會意識到雖然自己費了不少時間和心血，但事情還沒有真正得到解決，這樣主人就會產生好人做到底的決心，而願意進一步為你奔走。

第五章　穿戴之間——從外在細節挖掘內心世界

法國文豪巴爾札克寫道：「對女人來說，服裝是其隱私和欲望的外在表現。」只要仔細留意一個人的衣著打扮，就能窺探到其真實的內心世界。因為當人們穿上自己喜愛的衣服時，會把自己的心理狀態袒露無遺。

衣著如何折射出性格與品味？

在古代，衣服的樣式與材質曾是判斷一個人的年齡、身分、地位甚至宗族的象徵。在今天，這些象徵已經不一定可靠了，但服裝仍可以算是人的「第二皮膚」，可以反映一個人的個性、性格和心理狀態。

人本來是赤裸裸地來到這個世界上的，為了隱藏自己的「廬山真面目」，才穿上衣服。不過人類不曾想到，穿上自己喜愛的衣服（包括顏色、材質），反而把自己的心理毫無掩飾地呈現出來了。

雖然穿戴者不願讓人從穿著上看出他的職業、經濟能力和心理狀態，而是想充分發揮個性，但實際上來說，人的內心更直接地表現在穿著上，服裝能非常清晰地表現出人的性格和心理狀態。

◎衣著華麗者自我顯示欲強，愛出風頭

在大庭廣眾之中，我們可以發現某些人總是穿著引人注目的華美服飾，這種人大都有強烈的自我顯示欲。同時，這種人對於金錢的欲望特別強烈。所以，當你看到這類身著華服的人時，就能洞察到他們的這種心理，多誇獎他們的服飾，滿足其膨脹的顯示欲是一個好辦法，這樣他們就不會輕易與你為敵。

◎衣著樸素者缺乏自信，喜歡爭執

穿著樸素，不愛穿華美衣服的人大多缺乏主體性格，對自己缺乏信心，希望對別人施以威嚴，以此來掩飾自己自卑的感覺。遇到這種人，就別與他們爭執不休，因為越是自卑的人，越想掩飾自己的自卑，越會與人喋喋不休地爭吵，以期保住剩下的一點點面子，這其實反而不利於和他人維繫關係。這時候，你可以大大方方接受他的觀點，讓他感到你的寬容大度，而你會取得意想不到的效果。

◎喜歡時髦服裝者有孤獨感，情緒常波動

完全不理會自己的嗜好，甚至不知道自己真正喜歡什麼，他們只以流行為嗜好，向流行看齊。這種人在心底常有一種孤獨感，情緒也經常容易被動。

◎不理時尚者常以自我為中心，標新立異

對於流行的狀況毫不關心，這種人的個性十分強硬，但也有一些人是不敢面對外面的花花世界，而一味地把自己關在小房間裡。他們認為，如果跟別人同調，豈不是等於失去了自我？

◎對流行既不狂熱又不會置之不理者，處事中庸，情緒穩定

這類人通常很理性，不過於順從欲望，也不盲從大眾時尚，且總保持中間立場，會適度地選擇適合自己的東西來應用。他們能夠很適度地尊重自己的主張，比較可靠，值得結交；他們在面對人情壓力時容易屈服，所以有事情找他們商量時，最好是套交情，這遠比透過公事上的關係更有效。

◎突變服裝嗜好者想改變生活方式，也有逃避現實的可能

公司職員小張，到目前為止一直穿著固定樣式與格調的西裝。但有一天，他卻換上了瀟灑的夾克、鮮豔的長褲，戴著完全不同顏色的領帶來公司上班。從表相或精神方面說，小張的內心必然是受到了某種刺激，致使他在想法上發生變化，所以，在他的深層心理裡，通常懷有某種新的意思。

同事們則好奇地猜測：「他今天有什麼事嗎？」「他遇到了什麼問題？」對於這種突然改變自己服裝嗜好的人，你若想與他保持良好的關係，就應當顯得不把這當一回事，或者讚美他穿什麼都很不錯。相信他的心靈大門一定會向你敞開，你的認可態度比別人的質疑態度要強，你會贏得他的回報——讚美。

手錶裡藏著的時間觀與個性特徵

時間是寶貴的，一個人對時間持什麼樣的看法，與一個人的性格有很大關係，而時間會給人帶來什麼樣的影響，很多時候又透過所戴的手錶傳達出來。這兩者的關係可以說是非同一般，下面簡單說明一下。

有一種新型的電子錶，一眼看過去顯示區域一片漆黑，什麼都看不見，但是如果按一下顯示時間的鍵，顯示區域就會出現紅色的時間。喜歡戴這種手錶的人多少有點特別之處，他們有很強的獨立意識，不喜歡受到約束，喜歡自由自在的生活，做自己想做的事情。在別人的眼裡，他們是非常神祕的，而他們也希望自己是神祕的，他們喜歡讓別人對自己進行各種猜測。

喜歡液晶顯示型手錶的人大多比較節儉，這種人的思維大都比較單純，喜歡簡潔方便的事物。

喜歡戴鬧鐘型手錶的人能夠嚴格要求自己，時時刻刻都把神經繃得很緊。這種人雖然不是很傳統和保守，但他們辦事習慣於循規蹈矩。這種人有責任心，有時候他們也會刻意地培養和鍛鍊自己的責任心。

喜歡戴顯示多個時區手錶的人多少有點不現實。他們有一點小聰明，但都是建立在自己想像的基礎上，不會去付諸實踐。這種人在做事的時候常常會三心二意，在需要負責任的時候，常採用逃避的方式來應付。

喜歡戴古典金錶的人具有發展的眼光，對什麼事情都有長遠的打算。他們不會為了一點小利益而不顧全域性，是做生意的好手。他們心思縝密，頭腦靈活，對一些事情能預知一二。

喜歡戴懷錶的人能夠很好地掌控時間，每件事情在時間方面都能安排得很好，而且懂得適當休息。

喜歡戴機械發條錶的人獨立意識大多比較強。他們不怎麼喜歡別人的施與，而喜歡自給自足，很多事情都堅持一定要自己動手，他們看重的是自己動手後所獲得的那種成就感。他們喜歡做有一定困難的工作，如果事情輕輕鬆鬆就能辦到，反而會覺得沒有多大的意義和價值。

喜歡戴錶面上沒有數字的表的人，有很強的抽象化理念，他們喜歡模糊，和他們講什麼事情都不要講得十分透澈。

喜歡戴由設計師特別為自己設計的手錶的人，對自己在他人心目中的形象和地位非常在乎，甚至會為了一件事或一個人而改變自己。一些事情到了他們的嘴裡可能會變得很誇張，這樣他們就可以表現自己，而引起別人的注意。

不戴手錶的人，個性都比較獨立自主，別人也不能輕易地支配他們，這種人喜歡做自己想做的事。不管在何時何地，他們的隨機應變能力都比較強，遇到一些棘手的事情能夠及時地想出應對的策略，而且喜歡與人結交。

從手提包窺探一個人的生活態度

在現實生活中，手提包已經成為人們形影不離的助手。正因為如此，觀察一個人所使用的手提包可以幫助你來認識手提包的主人。

手提包的樣式可以說是千變萬化，不同性格的人選擇的樣式也是不同的。

通常，選擇的手提包樣式比較大眾化的人，性格不是十分鮮明，他們大多時候隨波逐流，人云亦云。

手提包的樣式很有特點的人，性格有兩種情況：第一，有很強的個性，各個方面都有自己獨特的思維、觀點。這種人中的大多數都具有藝術細胞，喜歡標新立異和冒險。第二，為了引人注意，故意做作，這類人的自我表現欲望和虛榮心特別強。喜歡休閒樣式手提包的人，懂得享受生活，對自己的要求不是很苛刻。

喜歡公事包的人，多是公司的上層或者是比較正規公司的員工，這樣的人做事比較小心謹慎。

喜歡小型包，把手提包當成裝飾品的人，大多沒有經歷過磨難，比較脆弱，遇到挫折很容易放棄自己的理想。

喜歡中型肩帶式背包的人，喜歡獨立，但性格很保守。喜歡小巧精緻但不實用的手提包的人，涉世不深，沒什麼城府，對未來懷有美好的期待。

喜歡具有濃郁的民族風格、地方特色的小手提包的人，他們的穿著和思維方式往往和常人大相逕庭，某些時候會顯得與別人格格不入，所以他們的人際關係不怎麼好。

喜歡超大型手提包的人，喜歡自由自在、無拘無束，很容易和別人建立關係，但也容易關係破裂。他們總是懷著一種散漫的態度對待生活，沒有太強的責任感。

喜歡口袋很多的手提包，並且東西都擺放得很整齊的人，他們的生活很有規律，有著清醒的頭腦，不會輕易做出糊塗的事情。

手提包裡的東西放得亂七八糟的人，做事大多比較含糊，目的性不明確，但對人比較熱情和親切。和這種人相識、相交都比較容易。

喜歡金屬質地手提包的人很敏感，能與流行同步，接受新鮮事物的能力很強。

喜歡男性手提包的女人，比較堅強、剽悍、能幹，並且趨於外向化。

喜歡中性色系手提包的人，不想給自己帶來壓力，所以他們不喜歡在眾人面前表現，不喜歡被人注意，不希望得罪別人，喜歡保持中立。

不喜歡帶手提包的人，有兩種情況：第一，懶惰，覺得帶一個包太麻煩了；第二，自主意識比較強，希望獨立。這兩種人的責任感都不是很強。

領帶，男人的個性名片

男士們打領帶就像女士們繫絲巾一樣，在一定的程度上，領帶的打法與西裝顏色的搭配能夠反映出男人的行事原則和人品秉性。

領帶結打得又小又緊的男人，如果他的身材瘦小枯乾，則說明這種男人是想憑藉小而緊的領帶結讓自己顯得「高大」一些。如果他們的身材不是瘦小枯乾，則說明這是在向別人展示自己的威信，就像在說「你對我最好不要有半點的輕視和怠慢」。

領帶結打得又大又鬆的男人，通常溫文爾雅，無拘無束，與他人交流很主動。他們的風度翩翩是豐富情感的流露，絕不是矯揉造作的。由於他們的交往藝術很高超，所以深得女人的歡心和青睞。

領帶綠色、襯衫黃色的人，往往很陽光，有朝氣，活力四射，想到什麼都要付諸行動，不喜歡拖拖拉拉，對事業信心十足，但有時魯莽衝動，自制力不太強。

領帶深藍色、襯衫白色的人，能夠做到上下兼顧，少年老成，對工作比較專注，事業心重。

領帶多色、襯衫淺藍色的人，較為小家子氣，熱衷於名利，對愛情不專一，追求的目標總是換來換去。

領帶黑色、襯衫白色的人，穩健老成，知道人生追求的是什麼，善於察言觀色，明辨是非。

領帶黑色、襯衫灰色的人，散發著強烈的憂鬱感，氣量狹小。

領帶紅色、襯衫白色的人，熱情奔放，希望自己成為被矚目的焦點，有著如火的熱情。

領帶黃色、襯衫綠色的人，通常很有理想，並勇於實施。他們相信付出終有回報，所以不會杞人憂天。

妝容與女性的心理層次分析

一個女人化什麼樣的妝，往往是由她的性格所決定的。喜歡時髦妝容的人，能很快地接受新鮮的事物。

喜歡濃妝豔抹的人，自我表現欲望強烈，她們希望透過自己的外表吸引他人，尤其是吸引異性更多關注的目光。前衛和開放是她們的思想特徵，對一些大膽的過激行為常持包容的態度。一個女人的梳妝臺上擺滿了各種化妝品、蝴蝶結、金銀線、珍珠等，說明她用盡各種方法把自己打扮得年輕漂亮些，以引起周圍人的注意，獲得異性的青睞。

將大部分時間花費在化妝上的人是完美主義者，凡事總是追求盡善盡美。

從小就開始化妝，並且多年來一直保持著同樣模式的人，其實是一種懷舊心理使然，美好的過去讓她們回味無窮。

喜歡化異國色彩妝的人想像力很豐富，藝術細胞很發達，她們嚮往自由，喜歡無拘無束。

無論什麼時候都要化妝的人對自己沒有信心，化妝的目的是想掩飾自己在某一方面的缺陷。

喜歡化淡妝的人，沒有太強的表現欲望，有時甚至非常不願意讓別人注意到自己。

從來都不化妝的人，「清水出芙蓉，天然去雕飾」，這是對她們最恰當、最形象的比喻。她們追求的是一種自然美。

墨鏡背後，是想隱藏什麼？

戴墨鏡是隱藏心理一個非常有效的手段。為什麼很多人喜歡戴墨鏡呢？實際上有許多原因：一來人們無法看見他們在看什麼；二來墨鏡可以使人看起來不夠友善，因此他們也不用再對付許多想要接近他們的人；還有可能是要讓自己有威懾力，看上去更有操控權，更具威嚴。

當然戴墨鏡還有其他的理由。墨鏡可以遮擋住許多由眼睛露出的「馬腳」，比如瞳孔的放大和縮小（綠色和藍色眼睛的人尤為明顯）、眼窩的變化，還有眉毛弓起等等。遮擋住這些「馬腳」後，別人就很難解讀他的心理，而他卻可以更容易清楚地讀懂別人。

鞋子是如何表現真實的內心？

鞋子不僅能夠產生護腳的作用，也是看人的媒介。不同性格的人在選擇鞋子的時候也是有所不同的，所以透過對一個人所喜歡的鞋子進行觀察，能夠對他的性格和心理了解一二。

只喜愛穿一款鞋子，這一雙壞了，再去重新買一雙的人，思想相當獨立。他們的目標很明確，知道什麼是自己喜歡的，什麼是自己不喜歡的。這種人做事非常小心謹慎，他們在接受一件事情前都要經過仔細認真的思考，要麼不做，要麼就全身心投入地做。他們不會輕易背叛對自己的親人、朋友、愛人的感情。

喜歡穿沒有鞋帶的鞋子的人，做什麼事情都圖省事。

穿細高跟鞋的女性，有很強的表現欲望，希望引起異性的注意。

喜歡穿時髦鞋子的人，接受新鮮事物的能力比較強，有強烈的表現欲望，虛榮心很強。

在球場和運動場以外還喜歡穿運動鞋的人，生活中永遠把舒適度放在第一位。

喜歡穿拖鞋的人給人的感覺就是很輕鬆隨意，但他們也很有個性，不會因為別人而改變自己。另外，他們很會享受生活，對自己不苛刻。

喜歡健行鞋的人，在工作上投入的時間和精力比別人要多一些。他們的危機感很強，並且會為那些可能突然發生的事情時刻做好準備。他們的挑戰性和創新意識也較強，對自己不熟悉的領域也很有信心，相信自己能夠成功。

喜歡穿露出腳趾的鞋子的人很外向，全身散發著朝氣和自由的味道。他們喜歡與人結交，拿得起放得下，較灑脫。

香水裡的情感特質

每個人都有不同的味道，就像每段戀情都有不同的回憶。這樣說來，香水也不單單是香水，它還包含著愛情。那瓶有色或透明的液體，能夠給你的愛情帶來安寧或者激情、沉醉或者清醒。所以，從一個人對香水的愛好可以看出這個人的愛情性格。

下面，我們從一道測試題入手。

如果香水代表一個地方，憑你的直覺，會選擇下面哪個地方？

A：玫瑰花園

B：東南亞的海港灣

C：花朵搖曳在風中的沙漠

D：電競旅館

E：清新的溫泉

選擇「玫瑰花園」的人充滿浪漫的女人情懷，喜歡追求熱情、浪漫的情感生活。對自己所愛的人不會計較付出的感情，整個內心都是對對方無私的愛。

選擇「東南亞的海港灣」的人充滿神祕的異國情調和憂鬱氣質，熱愛心中幻想的愛情，會對完美的感情生活窮追不捨。這種人喜歡從對方的舉動、表情中，猜測出對方的微妙變化。同時，這種人的觀察能力很好，能知道對方的想法，屬於那種神祕莫測的類型。

選擇「花朵搖曳在風中的沙漠」的人充滿憂鬱、獨立的另類氣質，從內到外都散發著淡淡的憂鬱味道，就像空谷幽蘭般寂寞飄香，不在乎有沒有人為他的美麗喝采。他喜歡獨立的感覺，有時也會感覺孤單，但又不能忍受被世俗浸染。

選擇「電競旅館」的人擁有變幻莫測的敏感特質，永遠喜歡新奇的東西。這種人不能忍受一成不變和平庸。在自我放逐的意識天地裡，這種人是絕對的主宰，他們迷戀忽而優雅忽而奔放的角色轉換。

選擇「清新的溫泉」的人充滿清泉般柔媚純美的特質，如純美的白色百合。這種人十分熱愛生命中一切細緻美好的事物，他們知道怎樣享受美好人生，也能使他們周圍的人像依戀自然之水一樣依戀他們，寵愛他們。

第六章 生活習慣——見微知著的人性洞察

一位英國心理學家說過：「人們日常做出的各種習慣性動作，實際上反映了客觀情況與他們性格間的一種特殊的對應變化關係。」所以，從習慣觀察人，是掌握人內心活動的捷徑，是洞察人心理全貌的金鑰。

付款方式如何折射消費心理？

你的物質生活是由賺到的錢來決定的，而花錢反映的是你的精神生活。同樣一件花錢的事情，有意者和無意者因心態的不同，往往有著迥然不同的結果。

在花錢時常常感到痛苦的人工作絕不會輕鬆，他的工作方式和成效也很難令老闆和同事們滿意。

會花錢的人就不是這樣了，他們把花錢當作生活中的一件富有樂趣的事情，從而使賺錢也成為一項有意義的、快樂的事情。這樣的人在工作中往往心態平和，拿得起放得下，不會受到一時一地一利得失榮辱的糾纏，他們的同事也會受到感染，不會認為工作是一種負擔。喜歡逛街的人都知道，購物就是一個人際交流的過程，只有那些善於溝通、能夠讀懂人心的人才可能買到自己稱心如意的東西。也就是說，會花錢的人能以最滿意的代價完成一筆交易，並使這個過程充滿了快樂。

除了花錢是否快樂能看出一個人的心理之外，從付款方式上也可以觀察出一個人的心理和性格：

◎喜歡親自付款的人

這種人比較傳統和保守，對新鮮事物的接受能力比較差，做事循規蹈矩，缺乏冒險精神，缺乏安全感，極希望得到別人的肯定和認同。什麼事情只有他們親自做了，才會覺得有保障。

◎能拖多久就拖多久

這種人占便宜的心理很強，較自私，做事缺乏公平，總是想少付出(不付出)多回報。一般情況下，他們是不會去關心和幫助他人的，雖然對人不算太冷淡，但也談不上熱情。

◎把付款的任務推給別人

這種人經常無法堅持自己的原則和立場，習慣於被他人領導。他們責任感不強，遇到挫折會膽怯、退縮，常會找各種理由和藉口為自己開脫。

◎收到帳單以後就立即付款的人

這種人說到做到，拿得起放得下，做事能夠當機立斷，不拖泥帶水。他們為人真誠坦率，從來不喜歡欠別人的，別人欠自己的倒是可以。

◎採用手機支付的人

這種人容易接受新鮮事物，知道怎麼利用這些新鮮事物為自己服務。但由於對某些東西的依賴性太強，會使他們的主動權喪失，而受控於人。除此以外，他們還很容易相信他人。

居家裝飾的選擇透露你的品味偏好

臥室是一個非常個人化的空間，如果你願意，可以使臥室成為一個私密性極高的地方。所有用來裝飾臥室的東西，從床上的用品到牆上的繪畫，都暗示著你是個什麼樣的人。

◎把臥室當成生活的中心，用來吃飯、娛樂、睡覺

這種人多是比較外向的，希望別人了解他，同時也希望別人和自己一起分享個人的興趣和歡樂，換句話說就是「快樂著他人的快樂，痛苦著他人的痛苦」。

◎房間只是用來睡覺

這種人的性格與臥室有著一定的相似之處，各個方面都有一定的規律性，知道怎麼控制自己的情緒，不會輕易發怒。他們在絕大多數情況下都表現得非常得體、自然。

◎貼滿了人物海報

在生活中，幾乎每一個人都有自己崇拜和敬仰的人物，如果在臥室的牆上貼滿了自己所崇拜、敬仰的人物海報，而且人頭比真人還大，這種人的性格多少有些孤僻，若想更好地與人相處，存在著一定的困難。他們經常放棄身邊唾手可得的東西，而去追求那些遙不可及的事物。他們對自己沒有信心，總是覺得自己處處不如人。

◎臥室雖然被裝潢得美輪美奐，但卻沒有個人風格

這間臥室的主人，雖然有一定的欣賞水準，但卻不信任自己的判斷力，拘於形式、規律而無法放開手腳，自由活動。

◎臥室裡有各種玩具以及健身用的器械

這種人像個大孩子，外向、開朗、活潑，待人熱情、親切，具有一定的同情心。他們的生活中時時充滿活力，討厭死氣沉沉、一成不變、節奏慢的生活。

◎客廳和臥室差異很大

有些人的客廳非常整潔和乾淨，適合約伴來訪；但臥室卻亂得不成樣子，簡直是一個垃圾倉庫。這種人表面上看起來可能非常俐落，但實際上則十分拖沓。他們不能認真負責地做事，常常是得過且過，敷衍了事。

◎房間裡保留許多孩提時代留下來的東西

如家具、紀念品、玩具等。這種人有比較重的懷舊情結，還沒準備好離開童年，還沒決定長大獨立之後要做什麼。他們樂於受到父母的保護及約束，在想法上並不成熟。

電視節目愛好與生活理想的關聯

看電視幾乎是我們每天都會做的事，甚至有不少人喜歡用看電視來消磨時間，而且不同的人喜歡看不同的電視節目。不同的電視節目下隱藏了什麼樣的性格呢？趕快來看看吧！

◎喜歡看大型綜藝節目的人

這種人自信充實，熱忱大度，有廣闊的胸襟，在他們的人生中沒有永久的敵人。在與人交流的過程中，他們不喜歡設防，對他人的過失能夠原諒並給予及時的幫助。

◎喜歡看體育節目的人

這種人爭強好勝，喜歡挑戰，面對困難就像玩遊戲一樣。他們能在奮鬥中獲得極大的樂趣。

◎喜歡看喜劇的人

這種人幽默詼諧，表面上看起來吊兒郎當、心不在焉，但有強烈的情感，一旦對某人動了真心，會一發而不可收。

◎喜歡看訪談節目的人

這種人思維活躍，想像力豐富。

◎喜歡看戲劇節目的人

這種人的自信心特別強，不管是何種艱難險阻，他們都相信自己能夠衝破，勇於挑戰極限，具有說一不二的倔強性格。他們富有浪漫主義色彩，有正義感，但這些人都很自我，給人一種想凌駕他人的感覺。

◎喜歡競猜節目的人

這種人對眼前的諸多問題都能一一解決，在看電視的時候，他們能跟隨節目進行思考和推理，不管是對還是錯，都表現出積極進取、競爭心理強的性格傾向。他們很聰明，遇事鎮靜自若。

◎喜歡驚險刺激節目的人

這種人爭強好勝，不願屈居人下，做什麼事情都很認真負責，盡心盡力。他們不喜歡過平淡無奇的生活，總是想盡一切辦法把日子過得豐富多彩。

◎喜歡談話節目的人

這種人辦事做人都很細心周到，得理不饒人，有時會表現得很衝動。他們為人處世有自己的方法，但不會主觀臆斷。他們在辦事前會先思考，很少意氣用事。

辦公桌上的細節，展現真實個性

辦公室是工作的場所，內部都是與工作密切相關的陳設。如果夠仔細的話，也可以發現許多祕密，因為每件陳設都融入了員工的喜好。透過辦公桌所呈現出來的種種表象，可以展現出這個人的性格特徵。

不管是辦公桌的桌面上還是抽屜裡，都是整整齊齊的。這樣的人有很高的工作效率，會是很出色的員工。他們嚴於律己，生活也很有規律，對於該做什麼事情，事先會擬定一個計畫。他們特別珍惜時間，能夠精打細算地用更少的時間來做更有意義的事情。他們習慣了依照計畫做事，所以對於突如其來的變故，常常會感到不知所措。

桌面上收拾得乾淨整潔，但抽屜內卻亂成一團。這樣的人沒有大智慧，而且做事不能腳踏實地，喜歡耍小聰明，愛做表面文章。他們大多比較懶散，為人處世並不是十分可靠。正如他們的辦公桌一樣，表面上看來，他們的人際關係很不錯，但實際上卻沒有幾個可以與他真正交心的人。

辦公桌桌面和抽屜裡都空空如也的人，通常性子比較急。他們為了工作方便，避免在工作中找資料的麻煩，常常把所需要的東西放在便於拿到的地方。他們的事業心很強，一般都可以成為老闆。

抽屜和桌面全都是亂七八糟的。這樣的人做事往往沒有計畫性，不能事先把事情考慮得太周密，結果經常是倉促應戰，戰果不佳。生活中喜歡追求簡單，不拘於小節，沒有長遠的眼光。

辦公桌裡存放紀念物的人。這樣的人性格比較內向，不善於與人打交道，也不願意同陌生人有過多的接觸，經常獨來獨往。儘管朋友不多，但僅有的幾個卻是非常要好的朋友，他們很看重同這些人的感情。他們情感豐富，心理較脆弱，容易受到傷害，做事也缺少足夠的恆心和毅力，常常會在挫折和困難面前不戰而退。

把鈔票放在辦公桌裡的人，疑心很重。他們對銀行不是很信賴，所以不把所有的鈔票都存入銀行；又時刻擔心家裡會被闖空門，所以選擇把鈔票放在辦公桌裡。

文件收納如何反映你的行事風格？

一直以來，美國人都致力於研究人在什麼樣的工作環境下，才能創造出最高的工作效率。在研究過程中，一位效率研究專家意外地發現從員工處理文件的方式上可以展現出他們的某些性格特徵。

文件放得很散，這裡一堆，那裡一堆。這種人辦事有一定的盲目性，做事難以有始有終，自制能力差，不能及時地調節自己的情緒和習性，因而不能很快適應新的外部環境。

把文件資料放得亂七八糟，每找一份文件都要翻江倒海。這樣的人工作能力較差，做事常常事倍功半，缺乏條理性，無法循序漸進。他們的責任感不強，缺乏持之以恆的毅力。

習慣將文件這裡塞一點那裡塞一點。這樣的人多半華而不實，喜歡耍小聰明，善於鑽營，對外觀很看重。

不管是辦公桌的桌面上，還是抽屜裡，所有的文件都擺放得整整齊齊，層次分明，而且分門別類。這樣的人辦事條理清晰，組織和動手能力都很強，辦事效率高，有責任感，做什麼事都很小心謹慎，認真負責。但這樣的人沒有開拓進取的精神，創新能力也較差。

剛收到信件就急忙展開閱讀，並在最短的時間內回信。這樣的人的時間觀念比較強，什麼事情都希望盡快做好，然後去做其他的事情。

接到信後看都不看就丟在一邊不管，繼續做其他的事情。這種人如果不是存心不看信，就說明那個時候他很忙，時間被安排得很緊，至於那些對自己來說不是特別重要的信件，自然就會被擱在一邊以後再處理了。當然，可能是永遠都沒有時間去處理。

讓別人代自己看信。這樣的人對別人充滿信任，他們不擅長隱藏自我，可以與他人分享自己的許多祕密。

喜歡閱讀垃圾郵件的人好奇心比較強，能夠特別快地接受新鮮的事物。

見到垃圾郵件就刪掉的人比較小心謹慎，自我防衛意識強，不會輕易地相信某一個人。

塗鴉與筆記，描繪你的追求與渴望

字是心靈的折射，從寫字的姿勢可以看出一個人的性格。字的美醜並不能說明一個人的心靈是否健全，但筆畫的舒展或收縮，卻可以表現一個人是否拘謹和瀟灑。

你可以找一個適當的機會，請對方在一張紙上寫下你想要的資訊，比如請他寫下他的姓名、聯絡方式等。

◎字小，且擠在一起

字都擠在一起，表示他想把最小的空間作最大的利用，也顯示出他是個十分懂得節儉和精打細算的人，知道如何使用每一分錢。他們不會太在意其他人怎樣看自己，只要是自己認為有意義的事情，就會義無反顧地去做。

◎大字體、花體字、裝飾字

習慣於寫大字體、花體字、裝飾字的人，多是缺乏一定自信心的人，他們借這種方式來掩飾自己信心的不足。

◎簽名向左斜，其他字向右斜

這種類型的人，多有很強的叛逆性，但這種叛逆性可能並不是自己真實本性的流露，他只是想留給他人冷淡而緘默的印象。在這些佯裝的外表下，真正的他其實相當友好，善於交際。

◎簽名向右斜，其他字向左斜

這種類型的人是社交高手，他們會很快就讓自己成為他人矚目的焦點，這除了因為使用一些為人處世的技巧外，主要還在於他們開朗熱情而又詼諧幽默的個性。雖然從這種開放的個性的表面看來，他們與其他人以及所在的場合是完全融在一起的，但實際上，他們常常會跳出圈子之外，以一個旁觀者的眼光來審視一切。

◎簽名字體比一般字體大

簽名時字體比一般字體要大得多的人，自我表現欲望強烈，而且還有一些自我膨脹的傾向。他們多強調的是一些表面化的東西，希望在視覺上給人留下耳目一新的印象。他們的這一目的在很多時候都能達到。

◎簽名字體比一般字體小

簽名時字體比一般字體小的人，與簽名字體比一般字體大的人恰恰相反，他們一般沒有自我膨脹的感覺，甚至總是以為自己是非常渺小而沒有影響力的。他們時常會迴避本該屬於自己的榮譽和讚揚，而進行自我貶低。

◎難以辨認的簽名

對世人而言，他是個謎；可能對他自己來說，他也是個謎。別人無法了解他，因為人們所得到的線索都與他的真實性格恰恰相反，但他並不在意這些。他早就學著成為一個矛盾的個體，久而久之，也就習以為常了。不過，當個謎一樣的人物也有好處——他會得到不少關注。

◎簽名時畫底線

簽名的時候，習慣畫波浪底線的人，多是比較圓滑和世故的。在任何時候，他們都能夠憑藉自己的深思熟慮以及多年來總結出的人生經驗，使自己處於有利的位置，占據主動而不是陷入被動，因為他們深知如何順隨潮流之道。

◎簽名後跟著破折號或句點

有些人在簽名以後，習慣在名字的右下方加一個頓點。這種簽名方法具有思考、謹慎、自信、負責、不信任的含義。他們為人處世大多是相當小心謹慎的。

◎如學生時代的簽名方式

簽名的字和學生時代的字跡還是一樣的，這樣的人在外表上雖然看起來顯得相當成熟，但他們在實質上還是不成熟的。

他們無法適應成人的世界，而且很可能等到四十五歲的時候，仍與父母住在一起。他們常常會有一些聽起來很幼稚、根本不切合實際的想法，但他們自己卻感覺不到這一點。

除了筆跡會透露一個人的性格之外，隨手塗鴉也能洩漏你的心理祕密。在接聽電話和開會時，如果身邊放著紙和筆，你是否有信手塗鴉的小習慣呢？在工作或生活中遇到麻煩事，感到無聊或煩惱苦悶時，你是否會不假思索地在紙上塗抹亂畫，之後像什麼事都沒有發生過一樣將紙隨手一扔呢？

德國波昂心理學研究所的專家們用了一年時間來觀察人們在打電話和開會時的多餘舉動，發現這種無意識的塗畫行為與人們的某些性格息息相關。

俄羅斯人類發展中心研究人員對此發表評論說，那些抽象畫確實很能反映一個人的內心想法。一個滿腹心事的人，很可能外表上沒有絲毫表露，但是那些下意識畫出來的「畫」會將他對周圍人的態度以及自己所隱瞞的心思表露無遺。

◎喜歡畫圓形的人

這種人富有遠見卓識，善於運籌帷幄、韜光養晦，是那種深藏不露的世外高人。表面上看起來他們顯得對生活漠不關心、大大咧咧，其實，他們有著極其縝密而又符合實際的人生計畫。

◎喜歡畫連續性環形的人

這種人善解人意，經常設身處地為別人著想，是值得信賴的人。他們喜歡結交朋友，不貪婪，容易得到滿足。

◎喜歡畫直線或打叉的人

這種人活力無限，渾身上下都有用不完的力氣。他們耐不住寂寞，喜歡湊熱鬧，也沒有特定喜愛和厭惡的東西，經常誇誇其談，沒事找事。

◎喜歡隨便亂畫的人

這種人對自己理想中的事物會積極追求，即使失敗了也不會沮喪和一蹶不振，所以，別人會感覺他們總是一副樂觀向上的神態。他們有很強的適應能力及調適心態的能力，能使自己以最快的速度融入新的生活之中。

◎喜歡塗畫不規則鋸齒形的人

這種人對現狀總是不滿足，時刻都在向新的、更高的目標努力。他們爭強好勝，絕對不允許別人搶在自己前頭，就算是碰得頭破血流，也要挑戰一番。

◎喜歡畫三角形的人

這種人頭腦靈活，反應快，接受新鮮事物和新思想的能力很強。他們喜歡自己行事，不喜歡現成的東西。他們做什麼事情都必須經過深思熟慮後才去做，具有精益求精和實事求是的精神，但有時也會出現愛鑽牛角尖的毛病。

◎喜歡畫波浪的人

這種人聰明機智，才華橫溢，從來都不會迷信權威，什麼事情都要以事實為依據。他們敢作敢當，對那些認準的事，絕不會含糊，一般的理想他們都可以實現。

◎喜歡塗畫一些小鋸齒圖形的人

這種人頭腦靈活，反應敏捷，有超出常人的分析能力，能夠深入事物的本質看待問題。

◎喜歡畫交通工具的人

這種人愛好旅遊，希望遊遍大千世界，有很多遠大理想，所以，也有很多的失望與挫折需要他們面對。他們對自己沒有信心，不抱希望，但對他人卻抱有很大的希望，特別是自己的子女。

◎喜歡畫自然景物的人

這種人的性情溫和善良，敏感熱忱，鑑賞與辨別物體的形狀以及色彩的能力較強。他們不怎麼看重物質生活，不會被名利所困縛，嚮往輕鬆自在、安靜與祥和的生活。

睡姿中的心理線索，你的性格暴露了嗎？

一個人睡覺的姿勢，是一種直接由潛意識表現出來的身體語言，對了解一個人的性格和心理很有幫助。

◎在睡覺時採用嬰兒般的睡姿

這種人大多缺乏安全感，性格比較軟弱，受不了打擊。他們的獨立意識較差，喜歡依賴某一熟悉的人物或環境，而遇到不熟悉的人物和環境就會產生恐懼的心理，遇到困難大多會選擇逃避。他們的邏輯思辨能力很差，做事沒有層次，常常是事情已經發生了，準備工作還沒有做好。

◎採取俯臥式睡姿的人

這種人對自己很自信，能力也很突出。他們能夠準確無誤的認識自己，無論什麼時候都知道自己是誰，也知道自己在做些什麼。他們會堅持不懈地追求人生的目標，有信心也有能力實現它。遇到緊急情況時，他們能及時地做出決策，有很強的隨機應變能力，懂得如何調整自己。另外，他們善於把自己的真實感情掩藏得滴水不漏，而不讓別人看出一點破綻。

◎喜歡睡在床邊的人

這種人缺乏安全感，有很強的理性思維，但他們的自制力、容忍力強，能夠不讓不安情緒流露出來。如果事情沒有超出容忍的極限，他們是不會輕易反擊、動怒的。

◎在睡覺時整個人呈對角線躺在床上

這種人相當武斷，雖然做事精明幹練，但他們是絕不會向別人妥協的。對待事情的態度是「我說怎樣就怎樣，你不得反對」。他們樂於領導別人，有很強的權力欲望。

◎仰睡

這種人十分開朗大方，為人熱情親切，富有同情心，樂於施捨，能夠很好地讀懂他人的心理，知道他人的需求。他們的想法相當成熟，對人對事往往都能分清輕重緩急。他們也有很強的責任心，敢擔當責任，人際關係也比較好。

◎雙腳放在床外

這種人的生活節奏相當快，工作比較忙，沒有多少休息的時間。他們有相當積極和樂觀的生活態度，精力充沛，對待別人也非常熱情和親切。

◎臉朝下，頭擺在雙臂之間，膝蓋縮起來

這種人具有很強的防衛心理，自主意識比較強烈，不會聽從別人的吩咐和擺布，更不會向權勢低頭。他們只做自己喜歡做的事，如果有人強行要求，他們便會反抗。

◎雙手擺在兩旁，兩腳伸直坐著睡

這種人時刻都處在高度緊張中，他們的生活節奏非常快，而且有規律，什麼時候該做什麼，什麼時候不該做什麼，似乎已固定下來。

◎雙臂雙腿交叉睡覺的人

這種人的自我防衛意識比較強，容不得別人侵犯自己。但他們的性格很脆弱，傷害來臨的時候很難承受得住。

第七章　興趣投影——嗜好中的心理地圖

西方心理學專家指出，興趣心理是一種帶有下意識特點的心理驅動力量。只要你認真觀察一個人的興趣愛好，就會發現隱藏在其背後的心理驅動力量；只要你對這些心理驅動力量加以辨別分析，就會洞悉到他的天賦秉性。

興趣愛好，最直觀的本性流露

興趣與愛好時間一長就形成了一個人的嗜好。可以說，沒有什麼比嗜好更能反映一個人的本質了。嗜好，不必考慮別人的眼色，不受他人的制約，是一個人本性的流露，所以也最能暴露出一個人的深層心理結構。

◎喜歡表演的人

這種人的情感細膩、敏銳，想像力也很豐富，但有時富於幻想而不切合實際。

◎喜歡釣魚的人

這種人嚮往心靈的純淨，追求無愧於心。他們對過程的重視往往要多於結果，因為他們希望在過程中體會到快樂和實現自我的價值。

◎喜歡園藝的人

這種人願意花時間、精力與金錢維護花卉盆栽，通常比較會享受，對事物的感受力強，而且熱忱好客。

◎喜歡烹飪美食的人

這種人創造力和想像力很好，總會幫親人和朋友製造一些意外的驚喜。他們的目標和理想很高，並會為這些目標和理想的實現而不斷地追求、奮鬥。

◎喜歡下棋、玩紙牌的人

這種人智力往往勝人一籌，有相當強的邏輯思維能力，做事成功的機率較高。

◎喜歡寫作的人

這種人有很強的思考力，什麼事情都希望有自己獨特的見解和看法，平時喜歡把自己的想法寫出來。

◎喜愛集郵的人

這種人在自己的情緒不平靜時，善於自我調節，很愛面子。很多時候，他們由於不知道怎樣拒絕別人，所以無端地給自己增加了許多煩惱。

◎喜歡打獵的人

這種人比較粗獷和豪爽，講義氣，凡事不會和人太計較，有一定的勇氣和膽識，敢作敢當。

◎喜歡旅行的人

這種人性格外向，好奇心強，好動，只有那些富於變化、帶有刺激性的東西才能滿足他們。

◎喜歡做高危活動的人

這種人熱衷於一些刺激性活動，比如滑翔、跳傘、登山等。他們身體很健壯，心思縝密，做事總是小心謹慎，往往是把一件事情可能出現的問題全部考慮清楚後才行動。他們比較堅強和固執，一旦決定要做一件事情，就不會輕易地改變，即使遭遇到很大的困難。他們很有膽識和魄力，勇於向一些未知的領域挑戰。

閱讀習慣，反映一個人的工作態度

書籍是家裡最能反映出個性的物品，屋內如有書架或是放置書籍、雜誌的書桌，請仔細觀察一番。找出書籍類型，你會驚訝竟能獲得如此豐富的資訊。

比方說對方雖然蒐集了許多介紹健康的書籍，卻不怎麼關心健康；介紹特定疾病的書籍，即使只有一冊，仍能看出對方或其親友患了某種疾病。書架上若擺滿從未翻過的「精裝本世界名著」，這個人大概喜歡裝點門面。

工作場所擺放的書籍、雜誌不僅能反映出個人對書籍的品味，同時也顯示了個人對工作的態度。桌上如擺著言情小說或育兒雜誌，則表示這個人心「有」旁騖。

下面的一些書籍類型，可以看出一個人相應的心理和性格：

◎喜歡閱讀財經雜誌的人

這種人不安於現狀，不願屈於人下，喜歡爭強好勝，希望超越別人。他們崇尚權威，渴望榮譽，如果有比較好的機會，能夠提前洞察到。

◎喜歡閱讀時裝雜誌的人

這種人追求時尚，出手大方，把時間和精力都花費在了外表上，而把內在的修養忽略了，所以很難成就一番大事業。

◎喜歡閱讀武俠小說的人

這種人富於幻想，追求浪漫，希望自己有一天能出人頭地。他們感情豐富，但有時會顯得太細膩，反而不受異性喜愛。

◎喜歡閱讀言情小說的人

這種人（以女性居多）注重感情，看到小說中的精采部分會隨之同喜同憂。他們洞察事物的能力很強，為人處世很自信，也很豁達。

◎喜歡看人物傳記的人

這種人的好奇心強，辦事小心謹慎，善於統籌全域性，盤算利弊得失，從來不打沒有把握的仗。如果條件不成熟，他們絕對不會越雷池一步。

◎喜歡看漫畫書的人

這種人喜歡打遊戲，童心未泯，性格十分開朗，容易相處，不喜歡被拘束。他們不會去防備別人，在吃虧上當後，才發覺自己原來是幼稚的。

◎喜歡讀偵探小說的人

這種人喜歡腦力激盪，想像力和創造力都很豐富。他們善於解決難題，當困難出現時能夠從各個角度進行分析。

◎喜歡看恐怖小說的人

這種人喜歡複雜的生活，渴望用刺激和冒險刺激自己的腦細胞。

◎喜歡讀科幻小說的人

這種人富有幻想和創造力，能夠被科學技術深深地迷惑和吸引住。他們喜歡為將來擬定計畫，但缺乏持之以恆的精神。

音樂品味，揭示你的性格密碼

欣賞音樂是人類生活當中一項重要的娛樂活動。音樂是一種純感性的東西，很多人都和音樂結下了不解之緣。有人把音樂當成畢生所追求的理想；有人把音樂當成知己，向它傾訴；有人把音樂當成自己的人生導師，向它請教。

透過了解一個人所喜愛的音樂，能夠幫助我們窺探到對方的某些性格：

◎喜歡聽古典音樂的人

這種人較理性，經常自省，並能從音樂中汲取相當多的人生感悟。

◎喜歡搖滾樂的人

這種人喜歡與人交往，害怕孤獨，不能忍受寂寞，喜動不喜靜。他們有些憤世嫉俗，需要用搖滾的形式來發洩心中的諸多情緒。他們能夠將愛好作為強而有力的指導，喜歡到處張揚，引人注目。

◎喜歡鄉村音樂的人

這種人成熟老練，不會輕易做出令自己後悔或有損利益的事情。他們的性格較溫和、親切，不喜歡大城市的紛繁與喧鬧，而喜歡田園生活。

◎喜歡爵士樂的人

這種人性格中感性的成分往往要多於理性成分，很多事情都是因一時頭腦發熱就去涉足，而忽略客觀實際。他們不喜歡受到約束，我行我素，追求生活的豐富多彩，討厭一成不變，喜歡流連於五光十色的夜生活。

◎喜歡歌劇的人

這種人性格中有很多傳統、保守的成分，比較情緒化，易出現偏激行為。他們做事認真負責，有很強的責任感，總是要求自己表現出最好的一面，處處要求盡善盡美。

◎喜歡流行音樂的人

這種人追求一種相對簡單和自由自在的生活方式，力圖透過聽音樂讓自己變得輕鬆快樂一些。

◎喜歡交響樂的人

這種人信心十足，躊躇滿志，什麼事情都只想到正向的一面。他們能夠以最快的速度和別人打成一片，但由於對別人太過信任，往往導致自己吃虧上當。他們喜歡在別人面前顯露自我和吹噓自己的不平凡，希望擠入上流社會中，有不務實的缺點。

◎喜歡打擊樂的人

這種人性情耿直爽快，對生活充滿希望，並為自己的未來做了精心的設計。他們為人處世以和為貴，不挑剔，同時也很幽默，社交能力很強，大多數是很受歡迎的人。

◎喜歡進行曲的人

這種人做事力求完美，對自己的要求非常高，不允許自己所做的事有半點差錯。而現實生活中的不完美常常讓他們無奈、失望，甚至弄得自己遍體鱗傷。

旅遊目的地，透露內心的生活嚮往

旅遊能夠放鬆緊張和疲憊的心情，從對旅遊的偏好則能了解一個人的內心是怎麼想的。

◎喜歡欣賞風景的人

這種人不喜歡被人管制，追求無拘無束、輕鬆自在、豐富多彩的生活，對刻板的、乏味的、一成不變的生活十分厭倦。而且他們的精力很充沛，想像力豐富，總是喜歡挑戰新的未知的領域，他們的願望是追求生活中的新想法或新事物，常常會給自己的家人和朋友帶來一些意外的驚喜——當然有時候也許是驚嚇。

◎喜歡在海灘漫步的人

這種人生性有一點點孤僻、保守、傳統，心事較重，不願表露內心的真實情感，有隱居山林的欲望和傾向。他們的朋友不多，但與朋友的關係很好。他們有一定的責任感，尤其會投入相當多的時間和精力來培養自己的子女。

◎旅行時喜歡隨團旅遊的人

這種人有一定的邏輯思辨能力，每一件事情到他手裡都會被計劃得井然有序。他們比較現實，不喜歡幻想，也從不會想到有什麼意外的驚喜出現。

◎喜歡到各地去探訪親戚朋友的人

這種人很真誠熱情，講究誠實守信，不喜歡虛偽和做作，這為他們贏得了非常廣泛的友誼和幫助。他們能帶給親人和朋友極大的充實感和滿足感。

◎喜歡出國旅遊的人

這種人比較時尚，喜歡追著潮流走，而且站在時代潮流的最前端。他們喜歡求變，對新鮮事物懷有熱情，對人生充滿信心。

◎喜歡旅行時在外露宿的人

這種人的個性比較獨立，有一定的想像力和創造力，但他們並不是生活在幻想中，還是很注重客觀實際的。

舞蹈動作，詮釋靈魂深處的情感

人類最古老的溝通方式有很多種，跳舞就是其中的一種。舞蹈和語言差不多，時時刻刻都在不斷地演變。一個人喜歡用什麼方式跳舞和喜愛何種舞蹈，也能透露出一個人的心理特徵。

◎喜歡跳芭蕾舞的人

這種人通常很有耐心，只要定下目標，就會透過自己的努力去實現它。同時，這種人也能遵守紀律，服從組織的安排。

◎喜歡跳踢踏舞的人

這種人大多精力充沛，有很強的表現欲望，想透過在眾人面前的表現引起別人的注意。在挫折和磨難來臨的時候，他們能夠堅持下來，想盡一切辦法度過難關。他們有很強的時間觀念，每一分每一秒對他們來說都是寶貴的。

◎喜歡探戈的人

這種人中的大多數都不甘於平庸，他們嚮往著豐富多彩的生活，最好還帶有那麼一點點神祕感。他們很重視一個人的才華和素養，在他們的眼裡，這些比其他的東西都重要。

◎喜歡華爾茲的人

這種人為人做事都十分沉著穩重，比較親切、隨和，社會經驗和閱歷豐富。他們對各種禮儀都很精通，深諳人與人之間的微妙關係，所以在為人處世、待人接物上都處理得十分得體，無形之中流露出一種成熟、高貴的氣質和魅力。

◎喜歡拉丁舞的人

這種人精力充沛，魅力十足，有很強的表現欲望。

◎喜歡搖滾舞的人

他們通常是比較先進、前衛的年輕人，充滿了叛逆思想。

◎喜歡跳交際舞的人

這種人很喜歡與人交流，組織和創造能力都較強。

◎喜歡爵士舞的人

這種人的隨機應變能力較強。他們不拘小節，而且很幽默，這種幽默感並不是故意表現出來的，而是自然的流露。他們喜歡很多人在一起的熱鬧，但沒有人的時候也能夠尋找和創造出自己的樂趣。

從收藏品了解生活態度的多樣性

每個人收藏的目的都不相同。有些人是等待日後升值；有些人是為了提高個人修養，陶冶情操；有些人是為了向別人炫耀其高雅脫俗，不同凡響；也有些人是為了懷念過去……收藏品各不相同，也顯示了收藏者的性格各具特色。從一個人所收集的藏品可以幫助我們了解這個人到底是什麼樣的心理和性格。

◎重視收藏象徵榮譽物品的人

這種人通常不滿足於自己的現況，總認為自己曾經的輝煌怎麼能夠那麼快就湮滅了，自己應該在榮譽和鮮花的包圍下，繼續享受生活。這種人不知道什麼是「長江後浪推前浪」，所以只有透過回憶過去的光榮成績來撫慰自己失落的心靈。

◎喜歡收集書籍、雜誌和報紙的人

這種人有學識，有上進心，在家裡看書是他們的一大樂趣。他們喜歡獨處，並自得其樂。他們的藏書雖然很多，資料也非常豐富，但其中大多數都已經跟不上時代的節奏，沒有什麼使用價值，可是他們依然收藏著。所以，在現實生活中他們總是比別人落後半拍。

◎喜歡收集照片、明信片的人

這種人透過自己所收集的照片拉近他們和記憶中的人或景的距離，經常回憶過去歡樂的時光。他們把人生當成一場戲，自編自導自演，努力塑造完美的生活。

◎喜歡手工藝品和刺繡的人

這種人待人熱情且富有愛心，責任感很強，能夠對自己所做的每一件事情負責。他們對生活的態度是積極樂觀的，知道自己應該做什麼、不該做什麼。他們有很強的自信心，不會放縱自己，即使是取得了成就也只是自我陶醉，從中獲得一種滿足感和成就感。

◎喜歡收集藝術品、古董的人

這種人比較注重自己的社會地位和身分，而且好勝心強。因為藝術品和古董是高雅、博學的代表，更是財富的象徵，那些收藏品的等級和價值的較量就是收藏者之間品味和眼光的較量。

◎喜歡收集旅遊紀念品的人

這種人喜歡不斷地追求新鮮、奇特和怪異的東西。

◎喜歡收藏玩具的人

這種人易於滿足，他們最快樂的場所就是家，最大的享受就是過那種寧靜安逸的生活。他們對過去很留戀，對曾經擁有過的成就感到自豪，並想方設法把它們在記憶中儲存起來。他們總是用一顆幼稚的心激起興奮和幸福感受。他們喜歡年輕，總是想盡一切辦法保持快樂心情，喜歡和小孩一起玩耍。

◎喜歡收集舊票據的人

這種人的組織和領導能力很強，辦事細心，條理清楚，按部就班，但他們的大部分精力都浪費在那些沒有用的細節和毫無意義的過程中了。有時候他們的未雨綢繆實際上是杞人憂天，因為那些他們所擔心的危險出現的機率太小了。他們也會有尋找刺激的想法，但由於考慮得太多而無法付諸行動，所以，他們的生活基本上沒有什麼變化。

◎喜歡蒐集錢幣的人

這種人比較保守和傳統，不敢冒風險，接受新鮮事物的能力比較差。但他們的責任心很強，做事能夠善始善終，追求完美。他們比較看重結果，對過程往往不怎麼關心。

◎喜歡木工製品的人

這種人的動手能力比較強，不喜歡依賴別人，因為他們有較強的自尊心。他們的自信心也很強，堅信自己能夠成功。他們能夠很快地接受事物，勇於冒險、探索和嘗試。

玩偶與寵物，最會「說話」的夥伴

養寵物是一種休閒方式。各人喜好不同，所養寵物自然也相差很大。從心理學的角度看，從喜愛的玩偶與喜歡的寵物可以看出人們的真實性格。

◎喜歡養貓的人獨立性強

這種人一般不隨便附和他人，很少委曲求全，言不由衷。假如不喜歡對方，他們就會明確表示。這種人崇尚獨立自主，喜歡獨處，不善於對別人表露感情，很少會向人敞開心扉。同時他們會嚴格要求自己，不喜歡率性而為，讓人感覺不到熱情和活力，經常給人留下不善交際、乖僻、冷漠、矯飾的負面印象。

◎喜歡養狗的人溫和

這種人隨和溫順，顯得很親切。他們外向，不喜歡寂寞孤獨，整天嘻嘻哈哈，很容易就與人打成一片。他們人情味濃，敏感、坦誠，一有真實想法會立即在臉上或言行舉止中表現出來，不過他們也好隨波逐流。

通常情況下，喜歡養外形有缺陷的狗的人，大多數對自己的容貌缺乏信心；喜歡養獅子狗的人性情活潑好動，像個大孩子；喜歡養大型犬的人虛榮心強；喜歡養貴族犬的人家境殷實，且事業一帆風順；只喜歡養東洋犬的人，大多獨斷專行，凡事好猜忌；喜歡收留流浪狗的人，富有同情心。

◎喜歡養鳥或魚的人孤僻

這種人性格細膩，大都希望依照自己的意思來愛護這些寵物，同時會精心地打理屬於自己的空間。他們不喜歡煩瑣的人際關係，對於日常的人際關係感到相當厭煩。

另外，喜歡把父親送的禮物隨時帶在身邊的女性戀父，喜歡把母親送的禮物隨時帶在身邊的男性戀母。

座位偏好中的隱藏性格訊號

在餐廳裡，你喜歡坐在哪個位置呢？在咖啡館裡，你喜歡坐在哪個位置呢？在會議室裡，你又喜歡坐在哪個位置呢？

透過不同的位置，我們可以大致判斷一個人的心理和個性。

◎喜歡靠窗坐的人平凡

這種人的個性很普通平凡。避開出入口及洗手間附近，只要有機會就遠離喧鬧嘈雜的其他客人，這種人也沒有什麼特別的個性。

◎喜歡靠中央位置坐的人以自我為中心

這種人的自我表現欲強烈，他們只要和別人說話就會以自我為中心，不斷強調自己所說的話，對他人的事充耳不聞，漠不關心，因而總忽略他人的意見。

當店裡客人多了起來，現有的座位不夠用，而被店主要求把桌子並在一起坐時，他們那種厭惡、不滿的態度會馬上表現出來，甚至會抓住店家的錯誤馬上提出強烈的抗議。他們絕不是隨和、好溝通的類型，如果他們點的是奶茶，而服務生不小心弄錯，端上來的是檸檬紅茶，他們會非常不滿。

◎喜歡靠牆壁坐且以背對人的人孤傲

這種人生性孤傲，埋頭於自己的世界，而無視外界的存在。

◎喜歡坐在角落的人喜歡安靜

這種人喜歡過安定、穩妥的生活。由於他們喜歡做一個旁觀者，可以說對大部分事情都缺乏決策的能力，更缺乏作為一位領導者應該具有的積極態度。

◎喜歡把座位選在入口處附近的人個性急躁

這種人能夠細緻入微地觀察周圍的環境，對生活的態度相當認真，喜歡四處走動，永遠閒不下來。照顧他人、為他人服務是他們最喜歡做的事。

電子書購買

爽讀 APP

國家圖書館出版品預行編目資料

無聲自曝，讓人破綻百出的微表情心理學：杜鄉的微笑、否認卻點頭、倒敘不流暢……心理防線再穩固，也擋不住「下意識」的失誤！ / 白帆 著 . -- 第一版 . -- 臺北市：樂律文化事業有限公司，2024.12
面；　公分
POD 版
ISBN 978-626-7644-00-3(平裝)
1.CST: 行為心理學 2.CST: 肢體語言
176.8　　　113018875

無聲自曝，讓人破綻百出的微表情心理學：杜鄉的微笑、否認卻點頭、倒敘不流暢……心理防線再穩固，也擋不住「下意識」的失誤！

臉書

作　　者：白帆
責任編輯：高惠娟
發 行 人：黃振庭
出 版 者：樂律文化事業有限公司
發 行 者：崧博出版事業有限公司
E-mail：sonbookservice@gmail.com
粉 絲 頁：https://www.facebook.com/sonbookss/
網　　址：https://sonbook.net/
地　　址：台北市中正區重慶南路一段 61 號 8 樓
8F., No.61, Sec. 1, Chongqing S. Rd., Zhongzheng Dist., Taipei City 100, Taiwan
電　　話：(02) 2370-3310　　傳　　真：(02) 2388-1990
律師顧問：廣華律師事務所 張珮琦律師
定　　價：375 元
發行日期：2024 年 12 月第一版
◎本書以 POD 印製
Design Assets from Freepik.com